Beate Brandt

Jeden Tag leibhaftig leben

Mit einem Vorwort von Hannelore Scharing

Matthias-Grünewald-Verlag · Mainz

CIP-Titelaufnahme der Deutschen Bibliothek

Brandt, Beate:
Jeden Tag leibhaftig leben / Beate Brandt. Mit e. Vorw. von Hannelore Scharing. –
Mainz : Matthias-Grünewald-Verl., 1988
(Reihe: Rhythmus – Atem – Bewegung)
ISBN 3-7867-1350-2

2. Auflage 1989

Umschlag: Peter Offenberg Grafik, unter Verwendung eines Fotos („Die Schreitende", Archiv Nr. Z-30053) vom Bildarchiv Foto Marburg
Satz: Roddert Fotosatz, Mainz
Druck und Bindung: Echter Würzburg, Fränkische Gesellschaftsdruckerei und Verlag GmbH

ISBN 3-7867-1350-2

Inhalt

Vorwort

von Hannelore Scharing

„Jeden Tag leibhaftig leben" verstehe ich so: mir meiner selbst bewußt sein — wenn ich tätig bin oder mich in ruhendem Zustand befinde. Der Leib wird aufgerufen, damit er mir hilfreich wird. Die im Buch aufgezeigten Übungsschritte verdeutlichen, wie dies langsam und stetig möglich werden kann. Obwohl die Übungen zumeist erst auf dem Boden stattfinden, gehen sie mit in den Alltag.

Wie ist dieser Übungsweg entstanden? Am 1. März 1958 kam in mir der Impuls, mich mit Leiberfahrung zu beschäftigen. Es waren 14 Jahre dazu nötig, diese Übungsmöglichkeiten mit den dazu gehörenden Prinzipien zu entwickeln. Als Atemtherapeutin hatte ich Gelegenheit, verschiedenen Übungsweisen zu begegnen. Ich versuchte durch eigenes tägliches Üben und durch Beobachten — auch von Kleinkindern bis zu drei Jahren — Klarheit zu bekommen, wie das Ursprüngliche im Leben auch für Erwachsene ‚verfügbar' bleiben kann. Das Kleinkind richtet sich auf mit Händen und Füßen *und* über den Kontakt zur Umwelt. Dabei bleibt es total bei sich *und* eingebunden in die nächste Umgebung. Deshalb stimmt seine Bewegung, die sichtbar durchgängig ist vom Kopf zu den Füßen, von den Händen zu den Füßen und umgekehrt. Die Ratio mischt sich nicht in dieses fühlende, begreifende Aufrichten ein.

Da ich hauptsächlich kranke Menschen zu unterrichten hatte, war es mir möglich, das Wesentliche zu deren Hilfe langsam und fortschreitend einzusetzen. Ich hatte mich z. B. mit dem Begriff des „Loslassens" zu befassen. Sobald ich dieses Loslassen bei mir oder anderen übend versuchte, merkte ich, daß sich nicht angesprochene Körperbereiche dafür erneut anspannten. Es trat auch der Fall ein, daß dabei die Gliedmaßen, Arme oder Beine, wie leblos dahingen. Der Leib wurde also nicht mehr durchgeistet. Deshalb konnte ich das Loslassen nicht mehr üben, wichtig hingegen wurde das *Kontaktnehmen.* Das „Lassen"-lernen wurde möglich mit dem Kontaktüben und dem Innenraumtasten. Sofort verändert sich dabei die Tonusqualität und ohne daß man sich bewegen müßte, geschieht Bewegtheit im Körper.

Durch das Üben mit einem Bein oder Arm und dem darauf folgenden Vergleich mit der noch ungeübten Seite wird es möglich, feinste Unterschiede zu erkennen. Das fördert die Unterscheidungskraft, die wiederum zu klarerem Denken verhelfen kann. Dann wird ebenso der Eigenrhythmus langsam erfahrbarer und lebbarer. Wohl gehören Mut und Eigenständigkeit dazu, welche oft erst noch schlummern und sich erschließen können. Atembehinderte Körperzonen öffnen sich bei dieser Übungsweise, und es gibt tatsächlich mehr „Luft“. Das wirkte sich z. B. bei mir auffallend im Arbeitsgeschehen aus. Vieles wurde einfacher und leichter. Selbst Schüler/innen bemerkten, daß der Zeitaufwand für ihre Tätigkeiten wesentlich geringer wurde.

Die in diesem Buch erörterten Übungsprinzipien zeigen den Weg für die Übenden. Es wird in späteren Kapiteln gut beschrieben, warum Kreuzbein, Fersen und Fußsohlen so viel Aufmerksamkeit verlangen und zum Grundsätzlichen dieser Übungsweise gehören. Fieberhaft Erkrankte und krebskranke Menschen sollten nur das Kontaktnehmen (Prinzip 1) üben. Dies ist immer möglich. Selbstverständlich gehört Übungsprinzip 7 als ein Lebensprinzip dazu: Hören, was sein soll.

Da die Übungen mit dem Körper auch die Seele beeinflussen, sollte diese mitkommen können. Geduld ist wichtig. Es gibt ein Sprichwort, das besagt: „Hast du es eilig, gehe langsam.“ Wird es befolgt, geht merk-würdiger-weise alles einfacher und dadurch sogar schneller.

Ich bin schon oft gefragt worden, wie viele Jahre jemand üben müsse. Meine Antwort: „Üben ist bis zum Lebensende möglich und erfreulich“.

Gernsbach, am 25. 10. 1987

Ein Brief zu Beginn

Auf der Titelseite dieses Buches sind Sie, liebe Leserin und lieber Leser, der *Schreitenden* begegnet. In einem tiefen Sinn eröffnet sie das Buch und seinen Inhalt. An ihrer Gestalt wird sichtbar, um was sich fast alle Aussagen und Anweisungen der folgenden Seiten mühen: leibhaftig leben — ganzheitlich da sein — in sich ruhend bewegt sein.
Folgende Gedanken können Ihnen helfen, die *Schreitende* gleichsam an der Tür, am Eingang dieses Buches, anfänglich zu erkennen — und sie in den Räumen, die sich Ihnen beim Lesen auftun, wiederzuentdecken.

Heute. Leibhaftig da sein. Jeden Tag. Leibhaftig unterwegs sein. Ein Mensch. Eine Frau. — Du. Ich. Wir. — Jedermann. Jedefrau.
In einem Schritt die aufrechte Mitte finden. In der Ruhe die Bewegtheit, in der Bewegtheit die Ruhe zulassen. Leibhaftig gleichgewichtet, ausgewogen sein von Kopf zu Fuß.
Geheimnisvolle, tragende Kraft im Rücken. Das Rückwärtige bedrängt nicht. Es schützt und umhüllt, beschwingt mit Vertrauen. Rückwärtiges darf vergehen und ist geklärt mit nach vorne auf den Weg genommen.
Die wach aufgerichtete Sohle verbindet sich dem Rücken, gehört zu ihm — und schaut und fühlt sich bodenwärts — vom Fersenkopf zum Zehenfuß. Das wache Antlitz der Sohle verabschiedet Vergangenes in aufrechter Kraft.
Das Zukünftige des vorderen Fußes, der im Vorübergang ruht, lebt von der Kraft, die in der aufgerichteten Sohle behutsam vorwärts schwingt. Oder — geht der Schritt zurück?
So, wie die Augen. Wegwärts ausgerichtet schauen sie auch wie nach rückwärts — im leibhaftigen Rückblick, in leibhaftiger Rücksicht.
Mich im Vorwärtsschreiten zurücknehmen — in die aufrechte Mitte.
Mitten in der Bewegung entsteht eine kreuzweise Blüte. Zwischen Arm und Rücken knospt das Gewand in die vier Winde. Kreuzweise. Durchgängig.
Verhalten und offen zugleich.
Das Angesicht des Leibes, von Kopf zu Fuß nach vorne schauend, bleibt behütet und geschützt vom unsichtbaren Kräftebogen rückwärtiger Vergangenheit. Die *Schreitende*. Sie steht in sich und zu sich und hinter sich.
Denken und Wollen, Erwägen und Ersehnen bleiben getragen vom Grund, der den Rückhalt belebt. Sie bleiben verwurzelt im Leibhaftigen.
Bleiben im Maß der aufrechten Mitte.

Heute. Leibhaftig da sein. Jeden Tag. Leibhaftig unterwegs sein.
In der Gegenwart, im Schreiten wegweise mein Vergangenes und Zukünftiges versammeln.
Ein Mensch. Eine Frau. — Jedermann. Jedefrau.

Herzlich wünsche ich Ihnen allen, wenn Sie das Buch in die Hand und zu Herzen nehmen, daß das Leben selbst Sie dazu ermutigt, jeden Tag leibhaftig zu leben.
Dieses Buch verdankt sein Entstehen einer wirklichen und wirksamen Überraschung: Seit einer geraumen Weile ging ich mit der Vorstellung um, ein Buch vorzubereiten, das sich mit leibhaftigen geistlichen Übungen befassen sollte. Das Zusammenspiel zwischen Meditation und Exerzitien einerseits und Eutonie andererseits wollte ich in einem Licht aufzeigen — als einheitliches und vereinheitlichendes Geschehen in dem Menschen, der sich auf ganzheitliche Erfahrung einläßt. Ein Sabbatjahr (Freijahr), das mir meine Gemeinschaft bewilligte und für das ich auch an dieser Stelle herzlich danke, schien den entsprechenden äußeren Rahmen dafür zu bieten.
Es kam anders. Sehr plötzlich und von mir als intuitive Eingebung erfahren, standen der Titel und die fast vollständige Inhaltsangabe dieses Buches klar vor meinem inneren Auge. Ich konnte mich gut darauf einlassen. Ein Vierteljahr später, mitten in der Bearbeitung des Manuskriptes, entdeckte ich in meinem Traum-Notizbuch, daß schon vor geraumer Zeit das Unterbewußte eine verschlüsselt-offenkundige Anweisung gab, Eutonie und Alltag für ein Buch zu bedenken. Diese Anweisung verhalf sich nun selbst ans Tageslicht. Dafür bin ich dankbar.
Die unzähligen Erfahrungsmöglichkeiten leiblich-geistiger Art, die sich in diesem Buch niederschlagen und gleichzeitig vervielfältigen können, verdanke ich Frau Hannelore Scharing. Sie entwickelt diese Art der Eutonie als einen dem menschlichen Leben immer neu abgelauschten ganzheitlichen Entwicklungsweg, der Kranken und Gesunden leibhaftig „auf die Füße hilft". Nicht Techniken, sondern das Leben; nicht Methode, sondern das Hinhören; nicht Suggestion, sondern Wahrnehmen und Erspüren sind dabei gefragt.
Für Anfragen, Gespräche und Beobachtungsmöglichkeiten danke ich herzlich allen, die sich in Kursen meinen Übungsanleitungen über Jahre hin anvertraut haben.
Für gemeinsame Überlegungen, für kritisches Zuhören und intensives Interesse an der Arbeit danke ich meinen Eutonie-Kolleginnen, meinen Freundinnen und Freunden. Besonderen Dank sage ich Sr. Aemilia Antognini, Erika Hummel, Mechthilde Kreutler, Doris von Molitor-Behrle, Eleonore von Rotenhan, Simone de Winter und Sr. Felicia Ziegler dafür, daß sie mit ihren sehr persönlich gefärb-

ten Beiträgen das Buch beleben und den Alltag überzeugend als leibhaftig geistliches Übungsgeschehen darstellen.

Jeden Tag leibhaftig leben. Die Anleitung in diesem Buch, durch die Eutonie sich selbst als leibbegabten Menschen geistig immer mehr wahrzunehmen und aus einer ganzheitlichen inneren Einstellung und eutonischen Verfaßtheit heraus das Leben gleichzeitig zu gestalten und geschehen zu lassen, sind gewiß aufs Ganze gesehen ein Stückwerk. Sie ersetzen nicht die praktische Erfahrung, die grundlegend bei Übungsanleitungen in Kursen durch diplomierte Scharing-Eutonie-Pädagogen/innen vermittelt werden. Die hier zusammengefaßten Übungsanleitungen wollen denen, die Scharing-Eutonie bereits erfahren haben, ein erprobtes und hilfreiches Weggeleit im täglichen Üben werden. Nicht das Lesen, sondern das Leben schenkt die Erfahrung. Dazu wünsche ich Ihnen Freude und Geduld, gutes Unterwegsbleiben und die Bereitschaft, sich immer neu überraschen zu lassen.

Waldkirch, am 29. 9. 1987 Beate Brandt

Kapitel 1
Hinführung zum Übungsverhalten

Zum Üben im Bodenkontakt

Der Übungsweg der Scharing-Eutonie verwendet viel Zeit und Möglichkeiten darauf, sich in der Rücken-, Bauch- und Seitenlage auf dem Boden zu erfahren. Wenn hier und im folgenden vom ‚Boden' gesprochen wird, ist selbstverständlich nie der nackte Fußboden gemeint. Es wird immer auf einer entsprechenden Übungsmatte geübt, einer Wolldecke oder einer anderen Unterlage, die aus einem Naturmaterial sein sollte. Dies ermöglicht ein besseres körperliches Spüren und eine natürliche Wärmeregulierung.
Das Üben im Bodenkontakt erweist sich als ausgezeichnete Möglichkeit, in die eigene Realität, in die eigene Leibwahrhaftigkeit hineinzuwachsen. Der äußere Kontakt zur Bodenfläche hilft, die körperliche Kontaktfähigkeit in einfacher Weise und als einfache Wahrheit zu erfahren. So bleiben die Übenden davor bewahrt, daß sie sich etwas vormachen müssen oder auf ein angegebenes Übungsziel hin etwas leisten müssen. Es genügt die Einstellung: Ich bin da, um mich zu spüren, mich spürsam in meiner Leibwahrhaftigkeit wahrzunehmen. Mit Hilfe des Bodens können Übende sich wach werden lassen, leibhaftig aufwachen.
Dabei gilt die einfache und bewährte Regel: annehmen, was sich zeigt, und es nicht bewerten. Das ‚Ergebnis' ist bei allen unterschiedlich, ja, es kann sogar — vordergründig betrachtet — entgegengesetzt erscheinen, weil die individuelle Ausgangsdisposition die Wirkweise des Übens mit beeinflußt. Jede/r spürt sich auf je eigene Weise. Es gibt nichts Moralisches bei diesem Üben, deshalb auch nichts, was als besser oder schlechter oder falsch einzustufen wäre. Nichts ist zu bewerten. Es lohnt nicht, sich über etwas Erfahrenes zu ärgern oder sich davon entmutigen zu lassen (eventuelle Abstände zum Boden, Dumpfheit, unklares Erkennen, undeutliches Spüren, Schmerzen). Alles Erfahrene sollte wie ein Wegweiser wirken. Bei Wegweisern wird nicht unnötig lange verweilt. Es lohnt nicht, über sie ärgerlich zu werden, weil von ihnen eine neue Richtung oder eine veränderte ‚Fahrweise' angedeutet sind. Erfahrungswegweiser wollen weiter bewegen auf dem Weg.
Auch der Boden ist eine einfache Wahrheit. Als Ausdruck und Abwandlung der Erdoberfläche wird er als tragender Grund und positiver Widerstand erfahren. Unsere Schwerkraft strebt zum Boden, und wir könnten ohne ihn nicht existieren, so wie wir nun einmal geschaffen sind. Ohne Boden unter den Füßen

gelingt kein Aufrichten, keine Aufrechte. Positiv ausgedrückt heißt dies: Mit bewußten Füßen auf dem Boden, gehalten im Grund, kann der Mensch aufgerichtet in der Senkrechten existieren.
Beim Üben in der Horizontalen, beim Liegen also, wird die Wachheit und Gegenwärtigkeit in der Vertikalen, im Stehen und Gehen, vorbereitet. Das Üben z.B. in der Rückenlage macht es möglich, daß der Leib der/s Übenden großflächig in Kontakt zum Boden gelangen kann. Schon nach ersten und einfachen Übungsanweisungen erfahren Übende oft erstaunliche Veränderungen. Der Rücken und das Becken, Oberschenkel und Kniekehlen und Fersen reagieren in der je möglichen Weise so, daß mehr Bodenkontakt zugelassen und wahrgenommen und gleichzeitig für das Stehen und Gehen anbereitet wird.
Es sei hier eine sehr spontane Aussage einer Frau angeführt, die zum ersten Mal in der Rückenlage sich im Bodenkontakt geübt hatte. „Wie geht das alles? Ich war vorher hohl, ich konnte die Hände und Arme unter den Rücken legen. Und dann lag ich flach auf!? Einfach so, als sei mit der Ansage (des Übens) alles hinten im Rücken in Ordnung gekommen. Und daß all die ‚Organe' zu mir gehören! (Sie meint die angesprochenen Körperbereiche.) Da denke ich sonst nur daran, wenn ich Schmerzen habe." — Eine solche Feinwahrnehmung, die kleinste Veränderungen registriert, beansprucht und beeinflußt die Gehirntätigkeit und das Bewußtsein in besonderer Weise. Sie bewirkt im Menschen erneute Veränderung, ein Sich-Wandeln-Lassen auf eine umfassendere eutonische Verhaltensweise.
Die erstmalig erfahrene Kontaktfähigkeit führt jedoch noch nicht aus alten Gewohnheiten und Verhaltensmustern heraus, und sie bleibt noch nicht erhalten. Gerade dadurch verdeutlicht sie eine häufig anzutreffende Ausgangssituation: beschränkte, eingeschränkte Kontaktfähigkeit, eingeschlafene und nicht erweckte Rückenzonen, überladene und deshalb wie entfremdete oder rebellierende Körperpartien. Und jeder kontaktarme oder kontaktbeschränkte Körperbereich weist auch hin auf eingeschränkte Selbst-, Fremd- und Weltwahrnehmung.
Die Haut erweist sich beim Üben nach ‚freundlicher Ansprache' oft wieder als das große Fühlorgan. Nachdem sie bei den meisten Menschen seit Kindertagen einer Verschlafenheit anheimfiel oder nur ausschnitthaft neben all ihren abgeschnürten Bereichen existierte, kann sie nun einfach naturgegeben mit dabei sein. Mit wacher Haut erweitert sich das Wahrnehmungsvermögen für den Kontakt zu dem jeweils Nächstliegenden hin. Wache Haut spürt die Qualität einer Kleidung (rauh, weich, glatt, wollen, durchlässig, faltig, freundlich ...), die Temperatur der Luft, die Beschaffenheit von Gegenständen des täglichen Lebens (aus vielfältigem Natur- oder totem Kunststoffmaterial).

Das Kontaktüben auf dem Boden führt meist zu dem ersten erfahrbaren Tonusausgleich, Spannungsausgleich. Es kann von einem tieferen Lebensgefühl, von mehr Lebensqualität begleitet sein. Langfristig, d. h. bei konsequentem Übungsverhalten (in 1—10 Jahren!) erweitern sich Selbstwahrnehmung und Beziehungsfähigkeit, In-mir-sein und In-der-Welt-sein. Es ist aber nie so, als sei diese „umfassendere Eutonie", also ein gutes Spannungsverhältnis in sich, im sozialen Umfeld und zum transzendenten Bereich irgendwann end-gültig erreicht. „Ist der Mensch am Ende angelangt, steht er noch am Anfang" (Sir 18,7). Der Mensch läßt sich erkennen als „in seiner Würde wunderbar erschaffen". Es braucht oft Jahrzehnte, diese wunderbare Daseins-Weise in all ihren Erfahrungsbereichen zuzulassen. Jeder neue Tag schenkt eine neue Möglichkeit, das Da-Sein als Mensch, als Mitmensch und als Mensch vor Gott sinnvoll zu leben. Jeder Tag schenkt einen Neubeginn.
Beim Üben entdecken alle, daß sie in einem Werde-Prozeß und auf individueller, unterschiedlicher Weg-Etappe unterwegs sind. Alle sind Menschen im Werden, leben ihre je eigene Menschwerdung. Somit hat es niemand besser oder schlechter, wenn nur das unterschiedliche *Werden* als gemeinsame Daseinsweise anerkannt wird. Der „achte" Schöpfungstag dauert an. Es ist sehr gut so (vgl. Gen 1 und 2).

Auf die Füße kommen

von Beate Brandt und Erika Hummel

Bei allen Übungen der Scharing-Eutonie kommt den Füßen und dem Fußbewußtsein eine grundlegende Bedeutung zu. Der leibhaftige Grund, die Füße, werden bei allen Übungsansagen aufgesucht, erweckt, erspürt und gleichsam als bewohnbar erfahren. Die Übungsrichtung geht dabei vom Becken über die Beine zu den Füßen hin. Wenn der obere Körperbereich (vor allem Schultern, Hals, Arme) in irgendeiner Weise übend angesprochen werden, sollen die Ferse oder der ganze Fuß mit im Bewußtsein bleiben. Gewiß gelingt dies erst nach längerer Übungszeit und konsequentem Übungsverhalten. Jedoch auch schon die Einstellung in dieser Weise wirkt heilend und integrierend. Es kostet freundliche und wiederholte Mühe, überrascht aber auch mit der Erfahrung von Ganzheit, von Kopf zu Fuß da sein können.
Wesentlich bei allen Fußübungen ist die Richtung von der Ferse zur Großzehe hin, *nie* umgekehrt. Eine umgekehrte Übungsrichtung könnte zu Stauungen und „Aufladungen" im Wirbelsäulenbereich führen, da an der Innenkante des

Fußes, von der Ferse zur Großzehe hin, die mit der Wirbelsäule korrespondierenden Zonen lokalisiert sind.

So selbstverständlich wie uns die Tatsache ist, daß die Füße zum Gehen da sind, so schwer fällt es vielen Menschen, wirklich den Füßen im Kontakt zum Boden das Gehen zu überlassen und nicht mit unzweckmäßig verlagerter Kraft über die Oberschenkel, den Schultergürtel oder den Kopf die Gehbewegung zu dirigieren. Wer mit durchlebtem Fuß geht, bewahrt sich vor unnötigen Spannungen und Verkrampfungen in den oberen Körperbereichen. Und es läßt sich lernen, ausgewogen zu stehen und zu gehen.

Es gibt ja nur zwei gleichberechtigte Beine und Füße. Ausgewogen und ausgependelt sind sie durch und über das Kreuzbein. In der Verbindung dorthin ist damit die Senkrechte angesprochen, die Wirbelsäule. Damit wird Einseitigkeiten in jeglicher Hinsicht entgegengewirkt.

Die Ordnung des Skeletts wird gepflegt. Wenn beide Beine und Füße in jeder Situation als gleichberechtigt und gleichbedeutsam erachtet werden, sind sie fähig, alle möglichen und gleichzeitig auch unterschiedliche Funktionen zu übernehmen, ohne daß sich die Muskulatur verkrampft oder verfestigt. Eine bereits vorhandene Starre in Füßen, Gelenken und Beinen kann dann verschwinden, wenn die Fußsohle erwacht und ins Bewußtsein integriert wird.

Die Fußsohle ist als Haut ausgestattet mit einer Vielzahl von Rezeptoren, die mit dem Nervensystem verbunden sind. Diese wirken beim Bewußtwerden der Sohle maßgeblich mit und sind bedeutsam für das gesamte Haltungssystem. (Tiefensensibilität!) Der Gang, jedes Gehen, geschieht aus dem Kontakt der Fußsohle zum Boden, der im Gehen als Widerstand wirksam wird. Aus diesem Widerstand entsteht Kraft, die Kraft zum Stehen und Gehen und Sitzen — und sie kann sich durch den ganzen aufgerichteten Körper und in der vollendeten Bewegung durchschwingen. So, wie der Fuß, die Füße, gestaltet und geworden sind, beeinflussen sie die Art und Weise, *wie* sich die Kraft aus dem Widerstand in die Gehbewegung übertragen und durchschwingen kann.

Wenn die Fußsohle, eventuell nach einer vorangegangenen Übung, spürbar erwacht, werden falsche Haltungen, Festsetzungen und Erstarrungen im Fuß — auch in seinen vielen kleinen Gelenken und verschiedenartigen Räumen — zu einer Lösung angeregt. Umgekehrt kann das, was zu wenig geformt, zu sehr ausgetreten und erschlafft ist, sich auf eine bessere Fassung einstellen.

Aus eigener Erfahrung im Umgang mit extremer Bindegewebsschwäche und einer Operation im Fußbereich läßt sich sagen: Auch ein defekter Fuß, verformt oder operiert, kann sich aufraffen, ohne Stütze von außen (Sprich: Einlagen!) wieder Halt nach oben zu vermitteln, weil seine Gewölbestruktur und seine räumliche Beschaffenheit ins Körperganze integriert sind. Zur Orientierung für das Körperbild des Fußes dient nicht der defekte Zustand, sondern die heile Struktur. So läßt sich erleben, daß keine Verschlimmerung, wie zu befürchten war, eintritt, im Gegenteil. Umgekehrt wurde erlebt, daß ein zu hohes Fußgewölbe sich senkte und in der Folge sich positive Veränderungen in Knien und der Wirbelsäule zeigten. Solch positive Veränderungen im Fußbereich führen zu einem besseren „Überlassen-können" in Richtung Boden, und dies kann sich bis zum Scheitelbereich auswirken. Physiologisch betrachtet wird ein elastischer Fuß, der aus dem Kontakt zum Boden tonisiert wurde, die Durchschwingung des Körpers besser einleiten können als ein starrer Fuß. Wenn vom Widerstand „Boden" ausgehend, die Schwingungen von belebten Füßen optimal aufs Körperganze übertragen werden, werden Beine, Becken, Wirbelsäule und Kopf davon berührt, ergriffen und belebt.

Freie, wache, bewußte Füße können den Kopfbereich als befreiter und heller, als weniger belastet oder lastig erfahren lassen. Das wirkt sich auch auf Denkvorgänge aus. Wenn der Kopf, d.h. das Gehirn als Denkzentrale, physiologisch gut durchgängig mit dem Grund, den wachen Füßen, verbunden ist, besteht die Möglichkeit, Denkprozesse als geordneter, nicht festgefahren, ganzheitlicher (oder auch intuitiver, kreativer) zuzulassen. Das heißt nicht, daß der Intelligenz-Quotient steigt! Erstarrtes Denken und festgefahrene Denkmuster gehen oft mit erstarrten und unlebendigen Füßen wie „Hand in Hand". Ebenso kann ein erstarrter Fuß darauf hinweisen, daß der Mensch dahin tendiert, seinen tragenden äußeren und inneren Lebenshalt in oberen Regionen zu suchen oder festzumachen. Das Oben im Leibbereich will und muß vom Unten getragen werden. Wenn dies über wache Füße und freie Beinräume mehr und mehr gegeben ist, brauchen Kopf-, Schulter- und Nackenbereich keine „funktionsfremden" und daher belastenden Festhaltemechanismen zu entwickeln. Die bekannte „Kopflastigkeit" kann sich über die leibhaftige Tragfähigkeit vom Grund der Füße her auch rückentwickeln. Damit würden Rationalisieren, Theoretisieren und abstrakte Denkvorgänge sich nicht so schnell einschalten, wenn das Gemüt, die persönliche Erfahrung oder konkretes Dasein angefragt sind.

Schwere körperliche Erschütterungen (Anstoßen, Stolpern, Springen u.a.) können von einem starren Fuß kaum aufgefangen und in feinere und feine Fibrationen umgewandelt werden. Das ist in der Richtung von unten nach oben und von oben nach unten gleich wichtig. Ein eu-tonisierter Fuß dagegen, der in seinen Gelenken und Muskeln, in Bändern und Sehnen elastisch da sein kann, wird die einwirkende grobe Kraft leichter auffangen und umwandeln können. Somit wirkt sich ein tonisierter Fuß in jeder Situation günstig auf die Wirbelsäule aus, die das Unten und Oben im Menschen lebendig verbindet. Schon ein einfaches Fußbad ist nicht nur eine Wohltat für die Füße, sondern auch für den Kopf. Das

lehrt die (alltägliche) Erfahrung — vor allem bei Schnupfen oder andern Beschwerden im Stirn- und Nebenhöhlenbereich.
Fußfreundliches Üben und Verhalten im Alltag bringt leibhaftig den Menschen dazu, „mit beiden Beinen im Leben zu stehen“, durchs Leben zu gehen.

Gelenke in der Rechtwinkligkeit

von Erika Hummel

Das rechtwinklige Sitzen wird in der Scharing-Eutonie als therapeutisches Sitzen geübt. In vieler Hinsicht ist der Mensch in seinem Körper (und anderweitig!) aus dem Gleichgewicht geraten. Durch das gemäße, rechtwinklige Sitzen kann er gerade für den Alltag zu einer guten, ausgewogenen Haltung zurückfinden. Eine körpergemäße, gute Haltung befähigt den Menschen dazu, mit dem geringsten Kraftaufwand in der Aufrechten zu verweilen. *Nur* dieser geringste Kraftaufwand oder Energieeinsatz ist von allen Körpergliedern und -geweben beim gemäßen Sitzen angefragt. (Die Körpergewebe beeinflussen über das vegetative Nervensystem die Psyche des Menschen.)
Das gemäße Sitzen vermittelt Ruhe und Erholung — und fördert die Erkenntnis und Bereitschaft, schädigende Sitzarten (und Sitzmöbel) im Alltag zu erkennen.
Dieses gemäße Sitzen in der Rechtwinkligkeit der Gelenke hält sich an anatomische und physiologische Gegebenheiten des Menschen. Es wird, wohl gerade wegen dieser leibhaftigen Schlichtheit, als heilsam und erholsam, als kräftigend, ordnend und belebend erfahren.
Die Leibwahrhaftigkeit des Menschen entspricht seiner geistig-geistlichen Wahrheit und Wirklichkeit. Der Leib ist menschgewordener Geist. „Geist wird Leib.“ (Anton Rotzetter) Gewiß gilt es ebenso umgekehrt: „Leib wird Geist.“ Eine einfache leibhaftige Übung, angepolt an den geistigen Ursprung des Menschen, kann dieses Wechselspiel des Lebens „Geist wird Leib — Leib wird Geist“ im Menschen konkrete Gestalt annehmen lassen. Umgekehrt: Der wahrhaft geistig-geistliche, oder kreative oder wachsame oder liebende Mensch wird auch in seiner Leibgestalt von der inneren geistigen Haltung geprägt.
Drei anatomisch-physiologische Grundlagen für das gemäße Sitzen sollen hier besonders bedacht werden.

Die Fußsohlen — von der Ferse bis zu den Zehen

Der bewußt geübte Kontakt von der Fußsohle zum Boden hin spricht das Nervensystem im Ganzen an. Die Fußsohle befindet sich statisch, und damit auch nervlich, im Bezug zum Körperganzen. Keine Verlagerung des Körpers nach vorne, hinten oder zur Seite geht ohne Beteiligung der Fußsohle vor sich — und sei sie noch so fein und damit (fast) unbemerkt. Die Fußsohle hat eine große Bedeutung für die bewußte und unbewußte Haltungseinstellung und -regulierung, die über die Tiefensensibilität der Muskulatur und der Gelenke geht. Somit ist es für die gesamte Körperhaltung des Menschen nicht unbedeutend, ob er mehr auf dem Vorderfuß oder mehr auf dem Fersenfuß steht. Jeder Millimeter der Fußsohle in der Länge, Breite und Tiefe hat seine Bedeutung fürs Körperganze, für den Menschen insgesamt. Die im Fußinneren liegenden Knochen mit ihren Gelenken beeinflussen bedeutend die Schwingungsfähigkeit des gesamten Organismus. Erstarrte, verfestigte Gelenke im Fußgelenk- und Mittelfußbereich belasten alle anderen Gelenke des Körpers und damit die Gesamtbeweglichkeit.

Die Fußsohle, von der Fersensohle bis zu den „Zehensohlen", kann im Kontakt zum Widerstand des Fußbodens gespürt werden. Dieser Bodenkontakt ist für die Fußsohlen unerläßlich, wenn der Mensch sich aufrichtet und im Aufgerichtetsein bleibt. Die Fußsohlen bedingen und kräftigen gleichzeitig in ihrem Kontakt die Aufrichtekraft des Rückens. Je schwächer und unbewußter die Füße und ihr Kontakt zum Boden sind, um so mehr müssen weiter nach oben (kopfwärts) liegende Leibbereiche und Strukturen die Arbeit des Aufrichtens und Aufgerichtetbleibens übernehmen. Je schwächer und weicher aber auch der Widerstand für die Füße ist (es lassen sich Watteberge oder Strohhaufen, die aber auch noch den Untergrund eines festen Bodens brauchen, als Vorstellungshilfen nehmen!), um so geringer und undeutlicher sind die Impulse für die Aufrichtung des Leibes im Stehen oder Sitzen. Wirklich befreit werden kann die körperliche Haltung des Menschen nur, wenn die Füße integriert dabei sein können.

„Bei der aufrechten Haltung des Menschen ruht die Last des Körpers stärker auf dem hinteren Bügel des Fußgelenkes, auf das Fersenbein hin. Er eignet sich besser, Lasten zu tragen, als der Vorderfuß, weil er aus einer kleineren Anzahl von Knochen besteht. Auch der Fuß und seine Form lassen sich nur verstehen als Teil des Ganzen. Das Fußgewölbe ist an die aufrechte Haltung gekoppelt. Die großen Muskelketten unseres Körpers umfassen und erhalten auch das Fußgewölbe."[1]

[1] Vgl. H. Hoepke, Das Muskelspiel des Menschen, Stuttgart 1961, S. 2 und 4.

Eine Sitzhaltung, die nicht die Fußsohlen und ihren Kontakt zum Boden bewußt einbezieht, wirkt der ausgewogenen Körperhaltung entgegen, erschwert sie zumindest. Eine ausgewogene, körpergemäße Sitzhaltung berücksichtigt die Bedingungen, unter denen die beteiligten Beuger- und Streckmuskeln mit geringstem Kraftaufwand die aufrechte Haltung ermöglichen. Diese Muskeln arbeiten immer gleichzeitig und ergänzen sich in ihrer Tätigkeit. Gering belastete Muskeln können zu einer größeren Ruhe bei gleichzeitig wacher Bereitschaft finden. Diese Qualität der Ruhe und Wachheit überträgt sich zunehmend auf die leibgeistige Ganzheit des Menschen.

Wenn im Rahmen der Scharing-Eutonie (Rhythmus-Atem-Bewegung) aus jahrzehntelanger Erfahrung mit kranken Menschen das rechtwinklige Sitzen als therapeutisches Sitzen gelehrt wird, geschieht darin eine Umstimmung im Körperganzen auf Ausgewogenheit hin. Das bringt für den „gesünderen" Menschen die gleiche Wirkung. Hüft-, Knie und Fußgelenke verweilen im rechten Winkel, die Fußsohlen im Bodenkontakt stehen in Sitzhöckerbreite. In diesem 90°-Winkel der Gelenke wird die Ausgewogenheit der Streck- und Beugemuskulatur am ehesten gewährleistet — und damit ihre ruhende Elastizität und das Freigeben von verfestigten Kontrakturen (Zusammenziehungen). Gelenke sind über Gelenkrezeptoren mit dem Zentralen Nervensystem verbunden.

Der gesamte „Bewegungsapparat" ist auch mit dem unwillkürlichen Nervensystem und damit auch mit dem unwillkürlichen Atmungs- und Atemregulierungssystem verbunden. Nach J. L. Schmitt[2], der entsprechende Versuche bei narkotisierten Tieren unternahm, ist zu schließen, daß frei bewegliche Gelenke bestimmte Rezeptoren ins Spiel kommen lassen, die Reizimpulse zum Atemzentrum weiterleiten und so das Atemgeschehen anregen.[3] Bei einer im Koma liegenden Frau konnte beobachtet werden, wie eine feine Berührung der Haut und feinste Bewegung der Fingergelenke spontan eine Atemreaktion mit sich brachten.

Eine ausgewogene Gelenkstellung in der Ruhe des Sitzens entlastet also Muskeln, Bänder, Sehnen und Gelenke gleicherweise. Dadurch wird einfach und zwangsläufig das Atemgeschehen reguliert auf den je eigenen Atem hin — über die Atemrezeptoren und die Zentralstelle „Gehirn". Eine positive Wirkung auf die psychische und geistige Verfassung dessen, der so in der leiblichen Ruhe sitzt, ist durchgängig erfahrbar und nicht von der Hand zu weisen, ebenso aber auch die günstige Auswirkung auf den Kreislauf, auf die inneren Organrhythmen und Organperistaltiken.

[2] Atemheilkunst, Bern 1981.

[3] B. Brandt, Sitzen – Schweigen – Hören, Mainz 1986, S. 34, 80, 81.

Das Becken und die Lendenwirbelsäule

Wie im Vorausgehenden gesagt wurde, bedingen und unterstützen die Füße die Aufrichtekraft der unteren Rückenregion und des Beckens. Diese beiden Regionen sind so ausgestattet, daß wichtige Verbindungen zwischen Becken und Rumpf einerseits und Becken und Beinen andererseits gegeben sind. Diese ermöglichen es, daß sich der Mensch aufrichten kann.

Zu den beteiligten Muskeln und Sehnen soll in diesem Rahmen folgendes auszugsweise gesagt sein:

Der Große Gesäßmuskel *(musc. glutaeus maximus)* entspringt vom Kreuzbein und vom hinteren Abschnitt der Beckenschaufel (Darmbeines). Er setzt am Oberschenkelknochen unterhalb der Rollhügel an und strahlt in den Sehnenzug der Oberschenkelfaszie ein.

Der breiteste Rückenmuskel *(musc. lattisimus dorsi)* entspringt mit einer großen Sehnenplatte von den unteren Brustwirbel- und den Lendenwirbeldornfortsätzen sowie vom Darmbeinkamm und den unteren drei Rippen, setzt auf der Vorderseite des Oberarmknochens an.

Die bindegewebsartige Sehnenplatte *(fascia thoracolumbalis)* ist zugleich an den Dornfortsätzen der unteren Lendenwirbel, am Kreuzbein und an den Kämmen der beiden Beckenschaufeln befestigt.

Der breiteste Rückenmuskel *(lattisimus dorsi)* verbindet den vorderen Oberarm über den Rücken mit den Dornfortsätzen der Wirbel, dem Beckenkamm, dem Großen Gesäßmuskel *(glutaeus maximus)* und von dort her auch die Oberschenkelbinde *(fascia lata)*. So besteht eine Verbindung vom Arm zum Bein. Diese unter sich verbundenen Muskel- und Sehnengebiete kreuzen sich genau im Lenden-Kreuzbein-Bereich, und die beiden großen Muskeln fassen gleichsam den oberen Beckenbereich zwischen sich. Die große Verbindung von den Armen über den Rücken und das Becken zu den Oberschenkeln wird über Muskelketten weitergeleitet bis zu den Füßen hin. (Siehe Abb. S. 143.)

Auf der Innenseite des Körpers, zu den inneren Organen hin, liegt ein weiterer wichtiger Muskel, der *musc. iliopsoas*. Auch er verbindet den Rumpf mit dem Becken und den Beinen. Er arbeitet und wirkt als Rumpf- und Hüftbeuger und tendiert als solcher zu einer fixierenden Beugerkontraktur. Damit besteht über ihn die „Gefahr", daß er das Becken zu sehr neigt und zwangsläufig eine Lendenlordose (Hohlkreuz!) begünstigt. Damit engt er fast gleichzeitig die Freiheit des Hüftgelenkes sowie die der Ilio-Sacral-Gelenke und der Leiste ein. Dieser *musc. iliopsoas* entspringt am 12. Brustwirbel und führt über die Lendenwirbelsäule zu den inneren Beckenschaufeln. Dort verbindet er sich mit dem *musc. iliacus*, der in diesem Bereich entspringt, geht weiter durch den Leistenkanal und setzt am

inneren Oberschenkel an. Wann immer die Neigung des Beckens verändert wird, ist der *glutaeus maximus* als Streckmuskel und der *iliopsoas* als Beugemuskel an der Bewegung beteiligt und damit betroffen. Betroffen sind auch alle weiteren Bereiche nach unten und oben. (Siehe Abb. S. 144.)
Wenn nun das rechtwinklige Sitzen (oder ein Mensch, der in der gemäßen Haltung sitzt) von den Hüftgelenken her betrachtet wird, so ist eine gute Aufrichtung des Beckens gegeben, die zudem noch von den Füßen her gesichert wird. Mit dieser gesicherten Aufrichtung ergibt sich eine Ausgewogenheit zwischen Beugern und Streckern. Die Lendenwirbelsäule wird von der inneren und äußeren Seite her zu einem andauernden lebendigen Prozeß angeregt, um wieder in ihre Schwingungsfähigkeit zu finden.
Es ist ein Anliegen des rechtwinkligen Sitzens, die Lendenwirbelsäule aus ihren Fixierungen und Blockaden zu befreien, damit sie die ihr gemäße Schwingungsfähigkeit zulassen kann. Die bisher bedachten anatomisch-physiologischen Gegebenheiten lassen erkennen, daß dies nur möglich ist, wenn Beine und Füße bewußt integriert werden. Das Oben wird vom Unten getragen und befreit. Rücken, Beine und Füße sind naturhaft und unabdingbar verbunden. Während die rückwärtige Seite des Menschen für seine Aufrichtung von großer Bedeutung ist, bleibt die sonst so betonte und wichtig genommene Vorderseite lediglich Mitspieler und Mitgewinner.

Das Zwerchfell und seine rückwärtigen Bänder

Das zentrale Gebiet der Aufrichtung und der Aufrichtekraft (Beckenbereich mit dem Kreuzbein — Lendenbereich — Übergang zum Brustwirbelbereich) erfährt noch eine weitere innere Stützung. Das breite, horizontal gelagerte Zwerchfell schickt zwei rückwärtige Ausläufer (Zügel oder Bänder) an der inneren Lendenwirbelsäule entlang in Richtung Kreuzbein. Somit kann die Lendenkraft von innen gestützt und belebt sein. Die lebendigen, durchatmeten Zwerchfellschenkel dienen der lebendigen Verbindung von Ober- und Unterkörper — bis hin zu den Füßen, bis hin zum Scheitelgebiet. An der Übersetzung der Schwingungen arbeiten alle Körperstrukturen mit.
Nach Prof. Blechschmidt, Humanembryologe, ist bereits im embryonalen Zustand das Zwerchfell am unteren Ende der Wirbelsäule, im Lendenbereich, verankert, während die Wirbelsäule nach oben hin wächst. Bereits beim Embryo also sind die Zwerchfellschenkel zum unteren Ende der Wirbelsäule vorhanden.[4]

[4] E. Blechschmidt, Die Erhaltung der Individualität, Neuhausen 1982, S. 83.

Es gilt als gesicherte Erfahrung, daß im Lendengebiet die Lebens- und Durchhaltekraft des Menschen, seine körperlich bedingte Kraft der Freiheit, des Ertragens und auch seine Gemütskräfte liegen. So werden mit dem gemäßen Sitzen, das mit den rückwärtigen Zwerchfellbändern, dem Lenden- und Beckengebiet die Aufrichtekraft pflegt, zugleich die Gemüts- und Lebenskraft des Menschen gehütet und gestärkt. Aufrichtekraft ist Lebenskraft, Aufrichtekraft ist aufrichtige Kraft. (Siehe Abb. S. 145.)

Rhythmus — Atem — Bewegung

Unsere Alltagserfahrung beschenkt uns mit vielen rhythmischen Erlebnissen. Rhythmischer Herzschlag und Atemrhythmus der Mutter begleiten das Ungeborene. Das Lebensgeschehen, Zeiträume und Klangweisen, Arbeitsabläufe und unbewußtes Schlafverhalten sind ebenmäßig, rhythmisch geordnet. Anhand rhythmischer Verläufe finden wir uns im Lebensganzen leichter zurecht.
Lebensphasen des Menschen, der Reifezyklus von Frau und Mann, unser Atem und Herzschlag, Kommen und Gehen von Jahreszeiten, von Tag und Nacht, von Gezeiten und Gestirnen: alles schwingt im eigenen Maß. Es ist dennoch möglich, bewußt oder unbewußt neben, ja sogar gegen diese lebendigen Rhythmen zu leben. Auf lange Sicht hin wirkt ein solcher Lebensstil krankmachend. Das Erleben der lebendigen Rhythmen ordnet und heilt.
„Das Rhythmuserlebnis beruht auf dem Ein- und Mitschwingen. Dieses seelische Ein- und Mitschwingen setzt Offenheit voraus, die Bereitschaft zu hören und in die gegebene Ordnung einzuschwingen. Wir leben in Rhythmen. Es entspricht einem allgemeinen menschlichen Anliegen, das Chaotische, Zufällige, Wechselvolle zu ordnen und es auf eine übergeordnete Ganzheit zu beziehen."[5]
Obwohl jeder Mensch nach einem eigenen Gesetz, einem individuellen Lebensgesetz ins Dasein getreten ist, tauchen immer wieder Lebensrhythmusstörungen auf. Herz und Atem, Ruhe und Bewegung, Kontakt und Einsamkeit gerieten in bedrohliche Unordnung. Die interne, ins Herz geschriebene Lebensanweisung wird in Eigenmächtigkeit oder durch Außensteuerung übertönt, verfremdet und meist einer willkürlichen Beschleunigung ausgesetzt.
„Der Mensch, sagt die Schrift, kann seiner Größe keinen Zoll hinzufügen. Noch weniger kann er sein Liebespotential um eine Einheit vermehren oder den

[5] F. Ziegler, Erfahrungen über den Rhythmus während meiner Ausbildung in der Scharing-Eutonie, Manuskript der Examensarbeit 1981, S 7.

Grundrhythmus, der die Reifung seines Geistes und seines Herzens regelt, um eine weitere Einheit beschleunigen."[6]
Dieser Grundrhythmus, die personale innere Lebensanweisung, bezieht sich nicht (nur) auf Ge- und Verbote. Sie enthüllt lebenslang die wachsende Lebensweisheit und kann nicht einem Selbstzweck folgen. Als Begabung und Lebensaufgabe führt und gehorcht sie gleichzeitig, weil sie von Gott dem menschlichen Geschöpf geschenkt ist und zu ihm, dem Schöpfer und Urgrund, zurückführt. „Deine Weisung trag ich im Herzen, deinen Willen zu tun, mein Gott, macht mir Freude" (Ps 40,9).
Manchmal ergibt sich für den Menschen eine unausweichliche Verbindung zu der personalen inneren Lebensanweisung in einer einmaligen Tiefenerfahrung — und der Mensch weiß verbindlich, was in seinem Lebensrhythmus jetzt zu geschehen hat, oder er kann sich auf Zukunft hin ihm neu anvertrauen. Diese Beziehung zu dem inneren Grundrhythmus kann auch schrittweise wieder entstehen, sie kann organisch wieder aufleben. Ein sich schrittweise und organisch dem eigenen Lebensgesetz Annähern und Anvertrauen geschieht leibhaftig im Erfahren von Rhythmus — Atem — Bewegung der Scharing-Eutonie.
Auch wenn in einer Gruppe geübt wird, folgen die Übenden nicht nur der allgemeinen Übungsanweisung, sondern werden zunehmend befähigt, ihren individuellen Rhythmus zu beachten und zu achten. Üben — beobachten — warten. Erst dann, wenn die Eigenschwingung sich dem Leibganzen mitteilen konnte, läuft die nächste Phase an. Dennoch ist das eutonische Üben ein fließendes Geschehen. Das, was noch nicht mitkommen kann, gerät nicht unter Druck. Es darf später kommen. Später ist ein neues Jetzt.
Üben — beobachten — warten. Gerade im Nachschwingen und Ausklingenlassen ordnet sich noch vieles nach dem eigentlichen Üben. Eutonischer Spannungsausgleich teilt sich während dieser passiven Phase den Körperbereichen mit, die in der Übung darauf mit vorbereitet wurden. Muskeln, Nerven, Organe und Knochen spielen sich wieder in das Ursprünglichere ein, regenerieren sich. Der Mensch erholt sich. Das kann begleitet sein von Stöhnen und Gähnen, von heilsamen Schmerzen, von Erschöpft- oder Glücklichsein, von einfachem Warten.
Mit der Zeit kann sich auch der Rhythmus im Lebensganzen wieder einstellen und durchschwingen. Lebensordnung heilt. Fremd übernommenes Lebenstempo kränkt, macht krank. Das eigene innere Gesetz verdeutlicht sich im eigenen Rhythmus, in dem ein Mensch lebt und auf dem Weg ist. Manches ist jetzt

[6] P. Teilhard de Chardin, Das göttliche Milieu, Freiburg, [7]1969, S. 72; Hervorhebung durch die Autorin.

dran, noch nicht dran, später erst oder nie dran! Im eigenen Rhythmus leibhaft gegenwärtig werden. In Geduld warten, in Klarheit handeln. Auf eine Außensteuerung, auf ein Bestimmt-Werden vorwiegend von anderen her, läßt sich zunehmend verzichten. Die Kraft dazu wächst in kleinen alltäglichen Schritten.

Der *Atem*, das allererste, ureigenste und empfindsamste rhythmische Geschehen bewegt uns ohne unser willentliches Zutun von innen her. Der ganze Mensch ist ein Atmender. So sollte und könnte es sein.
Viele Menschen sind jedoch heute wie langfristig außer Atem geraten, obwohl sie die eingeatmete Luft festhalten und leibhaftig deponieren, aufstauen. Sogenannte Atmungstechniken und Atemanleitungen stülpen sich wie ein Fremdkörper über den so einfachen eigenen Atem. Da heute vieles machbar geworden ist, fällt es oft schwer, das bewußte und unbewußte *Machen* am Atem zu lassen, den natürlichen Atem geschehen zu lassen: das Zwerchfell steigt beim Ausatmen und sinkt beim Einatmen, und eine Atempause geschieht natürlicherweise.
Das sich Wahrnehmen im Bodenkontakt, das Erüben der rückwärtigen Körperräume bis zu den Füßen hin, ein heilsamer Umgang mit der Wirbelsäule, integrierte Bewegungen und Rechtwinkligkeit der Gelenke beim Sitzen tragen unter anderem dazu bei, wieder in den eigenen Atem zu kommen. In der Übungsweise der Scharing-Eutonie wird nichts gemacht oder trainiert. Was dran ist, kann geschehen. Dies führt zu wachsender Integration im leib-seelischen Dasein. Wer noch etwas, auch übend vor allem am Atem, machen kann, lebt noch nicht in seinem Eigensten. Wenn ein Mensch nichts mehr *macht*, d.h. isoliert vom Kopf her steuert, sondern klar beobachtet, in der ihm möglichen leib-geistigen Ganzheit integriert nach innen hört, entscheidet und dann im Handeln geschehen läßt, gewinnt sein Leben an ursprünglicher Lebendigkeit. Auch sein geistig-geistliches Leben erfrischt sich. Leben in der Ganzheit wird zurück- und vorausverwoben in lebendige Ordnung. Die Aussage des Chuang-Tse klingt wesentlich einfacher, doch vielleicht wird sie durch das eben Ausgeführte verständlicher. „Das Atmen der Heiligen findet mittels ihrer Ferse statt, das der Menge aber mittels des Halses.“

Wo Rhythmus und Atem zugelassen sind, befreit sich auch *Bewegung* und Bewegtheit. In der Scharing-Eutonie geht es jedoch nicht um eine Art von Bewegungsübung. Äußere Bewegungen folgen immer der inneren Bewegtheit und führen nicht weiter, als das innere Dabeisein, die spürbare Präsenz im Körperganzen, reicht. Bewegung ist gemeint als innerer Weg, Be-weg-ung, vom Leiblichen zum Seelischen und Geistigen und umgekehrt. Bewegung geschieht in einer Wechselwirkung von innen nach außen und von außen nach innen. „Außen und Innen, Innen und Außen können bewußt als ein sich durchdringendes Ganzes erlebt werden."[7] Lebendiges Bewegtsein erfüllt als Lebensweise mehr und mehr Leib, Seele und Geist, die Aspekte menschlicher Ganzheit und Wesenheit. Leib-geistige Starre und Unbeweglichkeit, die das Leben in seiner möglichen Qualität vermindern, werden durch den Tonusausgleich beim eutonischen Üben behutsam und eindeutig wieder an einen Lebensstrom angeschlossen und damit einer Verwandlung anheimgegeben.

Eutonie im Sinne der Scharing-Eutonie bietet eine anatomisch-physiologische Führung im Rahmen einer wachsenden geistigen Klarheit. Eine horchende und gehorchende Lebenseinstellung ist zu erlernen und orientiert den Einzelnen auf die dauernde Möglichkeit, mittel- und unmittelbar geführt zu werden. „Der je einmalige Mensch lernt durch die Übungen und das Üben leibhaftig besser sterben und leben" (Hannelore Scharing). Übungsanleitung und eigenes Üben geschehen innerhalb der gleichen Zielrichtung: ganzheitliches Leben zulassen.

Tägliches Üben. Übende werden

Es tut gut, sich zu Beginn eines Kurses wieder auf den Boden legen zu können und sich den Übungsanweisungen einer/s Erfahrenen zu überlassen. Der Alltag liegt weit weg — oder spielt dennoch ungefragt herein und mit. Er hängt in Muskeln und Geweben, in Gedanken und im Gespür. Viel langsamer als aus dem Gedankengedächtnis entschwindet die Erinnerung an seine oft selbstgezimmerte Hektik oder die fremdbestimmten Anforderungen aus dem leibhaften Gedächtnis. So tut es wirklich zunächst gut, unter Anleitung üben zu können, „beübt" zu werden.

Demgegenüber taucht häufig eine eher passive Dauereinstellung unter gleichem Namen auf: „Mich beüben lassen". Darin erscheint eine unbewußte langfristige Haltung mancher Menschen, die von Kurs zu Kurs (Eutonie oder andere!) pilgern und sich ein Heil erwarten. Verständlich zunächst. Und berechtigt vorübergehend, weil so vieles im Menschenleben in Unordnung geraten ist, weil vieles unterentwickelt und ungeübt blieb, weil eine Neuorientierung notwendig geworden ist. Diese Menschen wollen sich etwas Gutes tun lassen. Schon darin kann eine Art Umkehr liegen, eine Abkehr von dem sonst Gewohnten: sich einsetzen, sich abmühen, sich abrackern und aufopfern, sich engagieren, sich verantwortlich und unentbehrlich machen ... und was der Möglichkeiten noch mehr sind. Für einen gewissen Zeitraum mag es also notwendig sein, aus dem „Beübt-

[7] B. Brandt, Sitzen – Schweigen – Hören, S. 15.

Werden" neue Lebenskraft zu gewinnen. Zugleich und zunehmend heißt es aber, sich einen Weg zeigen lassen — und nicht nur, sich etwas Gutes tun lassen. Sich einen Weg zeigen lassen. Für einen Weg aus einer Misere heraus, für einen Weg auf sinnvollere Lebenslandschaft zu, für die alltäglichen guten Wegschritte braucht es einfach dich und mich und jede/n persönlich — alle, die wegwärts unterwegs sind. Der Weg ist immer selbst zu gehen. Der Weg ist nicht zu delegieren. Es kann niemand stellvertretend geschickt werden. Sich einen Weg zeigen lassen, bedeutet, eine Übende, ein Übender werden zu können. Im Alltag. Hier und Jetzt. Da, wo ich lebe. Jeden Tag.

Jetzt, während ich schreibe, in einer späten Abendstunde, am Schreibtisch: Kreuzbein, Beine, Füße. Kontakte. Innesein. Da sein von Kopf zu Fuß — sonst denkt sich mein Kopf nur etwas Lesbares aus. Das schreiben, was ich schreiben soll, geschieht dann, wenn ich bei mir und in mir da sein kann; wenn ich wirklich da bin, wo ich leibhaftig bin.

Wie werde ich eine Übende, ein Übender? Wer sich diese Frage ernsthaft stellt, hat meist schon entscheidende Erfahrungen gemacht. Während des Übens leuchtete vielleicht erkenntnisweise und leibhaftig ein besonderer Wert auf, der Bisheriges in einem anderen Licht erscheinen ließ. Manche haben versucht, solche Erfahrungen in Worte zu fassen:

Es ist besser, bei mir zu sein, statt mich zu verlieren im Vielerlei. — Wenn ich in mir bin, kann ich auch beim anderen sein. — Meinen Leib und mein Leben empfinde ich jetzt als großes Geschenk. — Widerstände helfen mir, wenn ich den Widerstand aufgegeben habe. — Meine Schmerzen bekehren mich vom Übermaß zum Maßhalten. — Ich spüre mich voller Fröhlichkeit und klarer Kraft. — Meine Innenräume könnten aufgehellt werden, meine Lebensräume ebenfalls. — Meine Füße, glaube ich, sind mir so notwendig wie der Kopf. — Mir fehlt eigentlich der Rücken. Das erschreckt mich. Wie komme ich im Leben ohne Rückhalt aus? — Mich belasten meine Schultern. Ich will leibhaftig Last los werden. Wie kann ich Last lassen?

Solche Impulserfahrungen könnten seitenweise weiter aufgelistet werden. Aus ihnen lassen sich lebensmäßige und leibhaftige Konsequenzen ziehen — oder sie versickern ungenutzt ins Unterbewußte. Sie machen ebenso deutlich, daß es beim Üben nicht um die Übung geht, sondern um den Menschen, der übt. Die Kraft, die in solchen Erfahrungen freigesetzt wird, hält und trägt eine gute Weile. Sie will und muß aber auch im täglichen Üben genährt werden.

Auf dem Übungsweg verschwistern sich Trägheit und Machen-Wollen zu schlechten Beratern. Dagegen bieten sich andere Einstellungen als bewährte Wegbegleiter an:

Der *Mut* zu kleinen Schritten.

Das *Nicht-bewerten* von Übungserfahrungen.

Die *Geduld* mit sich, das Sich-Zeit-lassen zum Werden.
Das *Vertrauen* auf den Weg und auf ein Geführtwerden.
Das *Lassen* von festen Vorstellungen, was denn eigentlich zu geschehen habe.
Wie können die Erfahrungen, die jemand im Kurs gemacht hat, in das tägliche Leben übertragen und leibhaftig integriert werden? Auf diese Frage versuchen die Kapitel dieses Buches eine lebbare Antwort, indem sie innere Übungshaltungen aufzeigen, Übungsmöglichkeiten darstellen, Übungserfahrungen mitteilen. Für alle, die sich in Kursen einen Weg zeigen ließen, werden gesonderte tägliche Übungszeiten und der Alltag selbst gleicherweise bedeutsam.
„Eutonische Übungen wirken einer übermäßigen Introvertiertheit entgegen, ja sie begünstigen direkt eine echte Kontaktnahme des Übenden mit seiner Umwelt. — Es erschließen sich Kraftquellen, die bis dahin unbekannt waren, und der Übende wird freier, leichter und kraftvoller seinen Alltagsproblemen entgegentreten können. Die Konzentrationskraft steigert sich, und der Mensch wird befähigt, seine Kräfte harmonischer und gezielter einzusetzen. — Um zu all diesen Erfahrungen zu kommen, ist jedoch konsequentes Üben, auch zu Hause, erforderlich. Alle täglichen Arbeiten sollten in eutonischer Einstellung verrichtet werden, da die Übung im Alltag wesentliches Ziel und Anliegen der Eutonie-Kurse ist."[8] Wer übt, wird ein/e Übende/r.

Ein Tag: aufgetragener Lebensraum — geschenkte Lebenszeit

Bei erhöhtem Leistungsdruck als Dauerzustand und bei bleibender Unterforderung kann der Mensch am Leben ständig vorbeileben. In der Mitte liegt die eutone Einstellung: Jeden Tag leibhaftig leben.
Hier ist nicht der Ort zu untersuchen, warum so viele physische und psychische Kraft täglich von vielen Menschen aufgewendet wird, um krankmachende Verhaltensweisen einzuüben und aufrechtzuerhalten. Jeden Tag. Oft ein Leben lang. Auch sind keine Ratschläge zur besseren Arbeitsverteilung, für gesündere Arbeitsplätze oder sinnvollere Freizeitgestaltung gefragt. Mir geht es darum, für die kleine, sich ständig wiederholende Einheit eines Tages aus eigener bescheidener Erfahrung mögliche Schritte für Übende aufzuzeigen. Jeden Tag einfach leben. Nicht in allzu großen Abschnitten sich selbst verplanen oder gedankenlos und gleichgültig in den Tag hineinleben — sondern den Tag und die Tage ordnen. Im Lebensraum eines Tages bin ich durch ein aufgetragenes Werk und durch gewachsene Beziehungen hineinverwoben in die Gemeinschaft von Men-

[8] H. Scharing, Informationsblatt 1972.

schen. In der Lebenszeit eines Tages binde ich mich durch Arbeit und Muße, durch Gebet und Meditation zurück an den Ursprung von Raum und Zeit. Keine Lebenssituation und keine gesellschaftliche Stellung hindert am Üben oder macht es überflüssig.

Diejenigen, die schon jahrelang in ständiger Anforderung die Grenzen ihrer physischen und psychischen Belastbarkeit bis zum Äußersten gedehnt halten, ermutige ich hier, ihr Ja zum Nein eindeutiger zu wagen. Wenn viele dieses Ja zum Nein freundlich leben lernen, kann sich die Atmosphäre der täglichen Höchstleistung und falsch verstandenen „Aufopferung" entkrampfen. Es kann ‚luftig' werden und mehr eigentliches Leben möglich sein. Versteckte und unnötige Ängste werden sich dazwischenschieben wollen. Und es kann notwendig sein, die Ursachen dieser Ängste zu erhellen, mit ihnen leben zu lernen, bis sie überflüssig geworden sind. Der übende Mensch, der sich immer wieder leibhaftig im Da-Sein übende Mensch, geht den täglichen Weg der Selbstwerdung, der Mensch-Werdung. Bescheidene und einfache Schritte wollen gegangen sein. Doch gerade sie sind für das „Große und Ganze" unerläßlich.

Das Sprichwort sagt: „Eine Sache muß Hand und Fuß haben", d.h. sie muß durchgängig stimmen. Die Frage drängt sich auf: „Habe ich als Mensch in all meinen Körperbereichen einstimmig Wohnung genommen? Bin ich leibhaftig mit mir und meiner Umwelt in stimmigem Kontakt?"

In mir selbst sein — und so ganzheitlich ans Tagewerk gehen, in den erweiterten Kontakt, in die Bewegung, in den Widerstand, in einen Raum, in Strukturen. Viele Arbeitsplätze ermöglichen es Gott sei Dank immer noch, den „Grund" wahrzunehmen oder sich im Grund neu zu ordnen. Im Sitzen, im Stehen und Gehen läßt sich erinnern: Kreuzbein — Beine — Füße. Von dorther wird auch der andere Leibbereich stimmiger, mittonisiert. Das Fühlen und Denken, die Beziehungen und Handlungen, die Gespräche, große und kleine Bewegungen, das Schalten von Hebeln und Bedienen von Geräten werden anders, wenn mein eigener Grund stimmt und stimmig bleibt. Intuitives Denken und kreatives Tun gestalten sich lebendiger, wenn der Mensch integriert, von Kopf zu Fuß, da sein kann. Der Lebensraum verliert an Starre, er wird Raum voller Leben und Bewegung, nicht nur Raum, der begrenzt ist. Seine Grenzen werden zu Lebensmöglichkeiten.

Umgekehrt wirkt der im Kontakt angetroffene Lebensraum, das Leben selbst, auf mich zurück. Es bewegt und formt mich, es durchwandert mich mit Hellem und Dunklem. Wenn ich bewußt Füße habe, d.h. durchgängig bin, brauchen sich unerbetene Dunkelheiten und schmerzliche Widerstände nicht ungebührlich lange und immer weniger in mir leibhaftig aufzuhalten. Helles und Lichtes findet in mir einen Lebensraum.

Je mehr ich in mir selbst anwesend und zu Hause bin, auch und gerade leibhaftig, um so mehr spiegelt die Einheit eines Tages die geschenkte Lebenszeit wider. Zeit ist Lebenszeit, um sich auf den Lebensauftrag auszurichten und ihn durchzutragen. Zeit ist nicht Zeitdruck, um möglichst viel erledigen zu können. An der Zeit haften immer die Qualitäten: geschenkt sein und vergänglich sein. Ebenso zeichnen sich alle täglichen Übungserfahrungen durch diese Qualitäten aus: sie sind geschenkt, nicht machbar und nicht zu bewerten. Sie sind vergänglich, nicht festzuhalten oder wiederholbar.

„In der Tat: man braucht keine Zeit zum Leben, man lebt die ganze Zeit", so sagt Madeleine Delbrêl.[9] Ähnlich läßt es sich bezüglich des Übens sagen: Man braucht eine bestimmte Zeit zum Üben, ja, aber jede Zeit und jede Situation ist gut, mich in meinem Da-Sein zu üben. Der Werktag und der Sonntag. Leben und tägliches Üben gehen ineinander über und ergänzen sich zu mehr täglicher Lebensqualität.

Der Mensch in seiner Leibgestalt, in der seelisch-geistigen Wirklichkeit, die im Körper zur stumm-beredten Sprache kommt, ist wunderbar erschaffen. Du und ich, wir sind wunderbar erschaffen — und leben der Verheißung entgegen, vollendet zu werden. An Raum und Zeit leibhaftig gebunden, können wir Räume und Zeiten durchschreiten, hinter uns lassen, und leibhaft vollendet werden in einem ewigen Tag, der nur noch *Heute* heißt.

[9] M. Delbrêl, Gebet in einem weltlichen Leben, Einsiedeln ^{2}1975, S. 66.

Kapitel 2
Grundlegende Übungen der Scharing-Eutonie im Hinblick auf das Üben im Alltag

Meister Eckehart (1260—1329) spricht in einer seiner Predigten von einem „wohlgeübten Leib" (s. auch S. 134). Die nachfolgenden Übungen wollen es ermöglichen helfen, mit einem „wohlgeübten Leib" im Alltag zu leben, seine vielfältigen Anforderungen wohlgespannter, d.h. eutonischer, durchzutragen. Bei allem Üben geht es zunächst darum, sich dem leibhaftigen Grund des Menschen immer wieder menschenfreundlich, aufmerksam zuzuwenden: dem Becken mit dem Kreuzbein, den Beinen und Füßen, den Fersen und Fußsohlen. „Der Grund muß stimmen, sonst stimmt nichts" (Hannelore Scharing).

Jede Bewegung wird richtig und stimmig, wenn die Füße dabei sind. Ski- und Fahrradfahren, Wäscheaufhängen und Erdbeerpflücken, Liturgische Gestik und Tanz. Wenn ein Säugling beginnt, sich aufzurichten, gebraucht er selbstverständlich seine Hände und Füße. Erwachsene benötigen dazu meist Schulter, Kopf und Ellbogen. In der Eutonie beginnt ein Umlernen, ein Umformen, damit der Mensch wieder zu seinem Grund und zum Grundsätzlichen leibhaftig finden kann. Es bedarf eigentlich nur weniger grundlegender Übungen, um anschließend integriert in eine Bewegung zu gehen. Bei den meisten Menschen fehlt allerdings ein lebendiges Fußbewußtsein. Deshalb ziehen sie sich gewohnheitsmäßig in die Obergemächer, in ihre Dachstuben zurück. Wie sehr dies stimmt, aber auch wie vom Grund her verändernd schon die Übungen eines Einführungskurses wirken können, zeigen folgende Träume. Der erste ist mit Einverständnis der Träumerin (ca. 65 Jahre alt) wiedergegeben. Sie schreibt: „So habe ich den Traum aufgeschrieben, ihn mit meinem Mann besprochen und spontane Deutungen gefunden. Dieses Gespräch war eine gute Nachbereitung des Kurses."

Nun der Traum:

„Ich bewohne mit meinen Kindern, die in dieser Phase des Traumes nicht sehr deutlich hervortreten, den Oberstock eines sehr schönen, gut eingerichteten Hauses. Plötzlich bricht der Boden des Oberstockes ein, es kracht und splittert, an manchen Stellen flammt Feuer auf. Ich bin sehr in Ängsten.

Es wird ruhiger, und siehe, ich finde im Erdgeschoß auch eine schöne Wohnung mit einer Wendeltreppe hinauf. Die Kinder sind groß geworden und haben neue Namen. Mein Mann hat mir ein extra Zimmer gebaut, das durch Blumenkästen von seinem Zimmer getrennt ist."

Der Träumer des nachfolgenden Traumes konnte nicht um Einverständnis gefragt werden, weil seine Anschrift nach langen Jahren nicht mehr auffindbar ist. Da aber die Anonymität gewahrt ist, läßt sich auch dieses Traumgeschehen ohne Bedenken (aus der Erinnerung) weitergeben:

„Ich fahre mit der Eisenbahn. Die Schienen führen hoch durch die Wolken. Plötzlich falle ich mit der Eisenbahn in die Tiefe — und finde mich in einem Kindergarten vor."

Beide Träumer kommen aus intellektuell geprägtem Milieu. Beide Träume verdeutlichen u. a. die Bewegung von oben nach unten, das Suchen nach dem Grund.

Mit der fundamentalen Aufmerksamkeit für den Grund, an-geordnet durch die Anatomie des Menschen, gelingt es besser, dort zu sein, wo ich eben bin: mich bewegend, ruhend, stehend, sitzend; in der Arbeit, mit einem Besuch, bei einer Mahlzeit, im Gespräch; beim Babywickeln, beim Klavierspielen, an einer Haltestelle. Übungsmöglichkeiten in der Scharing-Eutonie vermitteln keine Übungstechnik und keine Trainingsmethode. Sie folgen klaren Übungsprinzipien und befähigen, mehr Lebensrealität zuzulassen. Der soziale Aspekt taucht beim Üben kaum gezielt auf, wird aber darin erfahrbar: Wenn ich heiler bin, werde ich für andere heilsamer sein und mich eigener heilsamer Erfahrung im mitmenschlichen Bereich öffnen.

Die anschließenden Übungen gliedern sich gemäß ihrem äußeren Ablauf in vier Übungsgruppen: Übung 1—3, 4—14, 15—16, 17—18. Das innere Geschehen und die körperliche Wirkweise sind so vielfältig wie die Menschen, die sich auf diese Übungen einlassen. Eine Übung sollte nicht öfters als einmal in unmittelbarer Aufeinanderfolge wiederholt werden. Ein gehäuftes Üben ohne genügende Pausen und zeitliche Abstände — also 5—6mal das Gleiche ohne Unterbrechung üben, weil ich etwas Bestimmtes erreichen will — überbeansprucht das Nervensystem. Es schlägt in das Gegenteil von dem um, was durch das rechte Üben tonisierend geschehen kann.

Übung 1: Kontaktübung in der Rückenlage

(Tennisbälle oder Holzkugeln in den Händen)

Vorphase

Nehmen Sie sich zunächst überblickartig vom Hinterkopf bis zu den Fersen hin wahr. Sind Sie in der gesamten Länge für sich spürbar da? Was nehmen Sie vom Rücken wahr? Gibt es Zwischenräume zwischen dem Rücken und dem Boden? Wie liegt der Beckenbereich auf? Wie empfinden Sie Ihre beiden Beine? Können Sie von den Ober- und Unterschenkeln her Kontakt zum Boden spüren? Haben die Fersen deutlichen Kontakt — oder? Die Arme sollten nicht zu weit weg vom Rumpf liegen. Das ermöglicht bessere Aufmerksamkeit für die Füße, mehr Bei-sich-sein, und es wirkt sich förderlich für das aufrechte Stehen aus. Wie spüren Sie die Bälle oder Holzkugeln in ihren Händen?

Übungsanweisung

— Nach dem anfänglichen Überblick — jetzt etwa die Mitte zwischen der Hinterkopf- und der Fersenauflage aufsuchen: den Beckenbereich. Nehmen Sie wahr, wie das Becken sich in seiner Form durch die Kleidung zum Boden spüren kann. Auch wach sein für Bereiche, die kaum oder keinen Kontakt zum Boden zulassen.

— Beachten Sie dann den Übergang vom Becken zu einem Oberschenkel und wenden sich dann diesem Oberschenkel zu. Der Oberschenkel fühlt sich in den Kontakt zum Boden ein, bodenwärts und kniewärts, ohne Druck auszuüben — auch wenn er (noch) nicht ankommt. Er kann sich in seiner Form oder/und von der Haut her — auch über einen evtl. Abstand hinweg — zum Boden hinspüren.

— Die Kniekehle schließt sich an. Sie kann sich durch die Kleidung bodenwärts orientieren, hinspüren.

— Der anschließende Unterschenkel fühlt sich zum Boden — auch wenn Sie Abstände und nicht den Boden wahrnehmen oder fühlen. Der Unterschenkel fühlt sich gleichzeitig bodenwärts und fersenwärts.

— Die Ferse kann auf dem Boden wahrgenommen oder erkannt werden. Vielleicht hilft Ihnen eine feine behutsame Rollbewegung der übenden Ferse nach rechts und nach links, damit Sie sie deutlicher empfinden können.

— Der Fuß schaut in der Rückenlage mit der äußeren Fußkante seitlich zum Boden, d.h. wenn er kann und das Fußgelenk frei ist.
— Von der Ferse bis zu den Zehen fühlt sich Ihre Fußsohlenhaut zum Strumpf. Auch die Rück- oder Unterseiten der Zehen gehören mit zur Sohle und fühlen sich mit zum Strumpf — oder stellen sich darauf ein, daß sie es irgendwann können.
— Das so geübte Bein jetzt schon einmal im Gesamt beobachten und wahrnehmen — mit der Ferse und der Fußsohle, mit allem, was von der Rückseite für Sie deutlich werden konnte
— und sich dann dem Fußgelenkbereich aufmerksam zuwenden — ganz drum herumspüren, vielleicht auch die Verbindung zur Ferse erkennen.
— Der anschließende Fußrücken fühlt sich ebenfalls zum Strumpf.
— Sie beobachten weiterhin, welche Zehen von der Vorderseite her fühlbar oder erkennbar werden, welche evtl. undeutlich bleiben. Es tut auch gut, die Zehen einmal spürsam zu bewegen und auf die Zehenzwischenräume zu achten.

Zwischenphase / Zeit zum Beobachten

Dann das gesamte geübte Bein in einem wahrnehmen — vom Becken bis zur Fußsohle und den Zehen hin — oder es erkennen — oder einfach beobachten — und mit dem ungeübten Bein vergleichen. Gibt es Unterschiede? Wenn, auf welche Weise werden diese für Sie bemerkbar? Vielleicht zeigen sich auch Veränderungen und Unterschiede im oberen Bereich. Es könnte sein, daß der Rumpf oder die Arme irgendwie mitgeübt haben — daß sich tonisierend etwas mitgeteilt hat. Deshalb von den Schultern her beide Seiten beobachten. Wenn die Augen nach vorne/oben zu unruhig sind, bei sich mit der Frage umgehen, ob Sie die Augen wie vom Hinterkopfraum her beobachten oder wie ausruhend nach hinten lassen können — um besser zu sich zu kommen. Die Augen erholen sich dabei.

Übungsanweisung / Fortsetzung

— Sich dann wieder dem Beckenbereich zuwenden — und mehr zu der Seite kommen, die noch nicht geübt hat. Vielleicht kann aber auch das geübte Bein mit dabei bleiben und wird nicht einfach als „schon erledigt" abgehängt.
— Ihre Aufmerksamkeit, das Bewußtsein erweitert sich dann vom Becken her zu dem anderen Oberschenkel. Auch der kann wahrgenommen werden und fühlt sich in seiner Form durch die Kleidung ohne Druck zum Boden, bodenwärts, kniewärts.
— Das weitere Bein mit dem Fuß ebenso üben wie das erste.

Zwischenphase / Zeit zum Beobachten

Das gesamte, jetzt geübte Bein mit dem Fuß wahrnehmen. Beobachten Sie es in Beziehung zu dem erstgeübten Bein. Was zeigt sich? Wie wirkt sich die Aufmerksamkeit für das Bein nach oben hin rumpfwärts aus? Hat der Oberkörper etwas davon mitbekommen? Schauen Sie — wie mit einem inneren Auge — von der einen Schulter bis zum jetzt geübten Fuß hin, dann von beiden Schultern her bis zu beiden Füßen. Was beobachten Sie? Können beide Beine gleichzeitig da sein? Wie empfinden Sie das eine, wie das andere Bein?

Übungsanweisung / Fortsetzung

— Es waren angesprochen das Becken, beide Beine, die Füße vor allem mit Fersen und Fußsohlen.
  Gut mit dem Bewußtsein (bewußter Aufmerksamkeit) in diesem Bereich bleiben, besonders bei den Fersen und Fußsohlen — wenn Sie jetzt gleichzeitig aufmerksam werden für den Hinterkopf.
— Beobachten, wie dies geschehen kann: die Fersen da — und gleichzeitig den Hinterkopf in seiner Auflage wahrnehmen.
— Der Hinterkopf kann sich einbetten, durch die Unterlage leicht in den Boden, scheitelwärts. Erinnerung an die ruhenden Augen!
— Der Hinterkopf ist (auch) durch die Haut verbunden mit dem hinteren Halsgebiet und den anschließenden Schultern. Der rückwärtige

Hals und beide Schultern können sich ebenfalls bodenwärts orientieren.

— Der gesamte obere Rücken fühlt sich (mit Hilfe der Haut) bodenwärts und beckenwärts.
— Der untere Rücken, das Lendengebiet, fühlt sich in seiner gesamten Breite boden- und beckenwärts, auch dann, wenn Sie noch nichts fühlen oder wahrnehmen; die Einstellung darauf verhilft dazu. Das Lendengebiet findet Übergang und Anschluß ans Becken, das wieder im Kontakt zum Boden gespürt werden kann.
— Von dort her nochmals die beiden Beine, Fersen und Füße erkennen oder wahrnehmen
— und dann beidseitig zu den Oberarmen kommen. Nehmen Sie wahr, wo und wie Sie den Boden berühren. Ellbogen, Unterarme, Handgelenke und die Hände mit den Bällen schließen sich an. Wie empfinden Sie die Bälle/Holzkugeln in Ihren Händen? Lassen Sie sich Zeit, dies wahrzunehmen. Wenn die Hände mit den Bällen anatomisch richtig geordnet liegen können, berühren die Kleinfingerzonen den Boden. Die Bälle/Holzkugeln schauen aus den Händen her hüft- oder beinwärts.

Abschließende Beobachtungsphase

Nehmen Sie sich nochmals in der gesamten Rückenlage, von Kopf zu Fuß hin wahr. Sich im Rückwärtigen wahrnehmen. Sich im Kontakt und in Beziehung zum Boden oder zur Kleidung spüren. Hat sich durch das Üben für Sie etwas verändert (Kontakt, Körperbild, Gefühl für Schwere oder Leichte, Temperatur, Gestimmtheit oder ...)? Wenn ja, wie nehmen Sie es wahr? Können Sie gleichzeitig bei sich sein — und sich im Übungsraum wahrnehmen?
Wenn Sie das Bedürfnis spüren, sich zu dehnen, zu räkeln oder zu strecken, tun Sie das zu der ihnen gemäßen Zeit — oder verändern Sie einfach Ihre Lage — und verweilen noch ruhig beobachtend bei sich. Wahrnehmen, was gegebenenfalls auch im Nachruhen noch geschehen kann. Das Üben beenden.

Übung 2: Kontaktübung in der Bauchlage

(Der Kopf legt sich auf einer Seite ab; die Arme liegen seitlich am Rumpf entlang, Handrücken bodenwärts, Tennisbälle oder Holzkugeln in den Händen)

Vorbereitende Phase

Sich im ganzen vom Kopf zu den Füßen hin wahrnehmen! Wie finden Sie sich vor? Gibt es dominierende Bereiche, die schwer oder schmerzlich aufliegen? Oder andere Bereiche, die sich aus dem Kontakt zurückhalten, nur verschwommen oder undeutlich wahrzunehmen sind?
Die Beine, d.h. Oberschenkel, Unterschenkel, Fußrücken und Füße sollten möglichst parallel nebeneinander liegen. Die Großzehe ist richtungsanweisend für das gelagerte Bein. Dadurch wird die Ferse aufgerichtet.

Übungsanweisung

— Sich der vorderen Beckenseite, d.h. dem Unterbauch, mit Aufmerksamkeit zuwenden und spüren, wie er Kontakt findet zum Boden. Den Unterbauch also, das Gebiet unterhalb vom Nabel, können Sie bodenwärts spüren, und im Spüren finden Sie die Richtung zu den Oberschenkeln hin.
— Damit kommen Sie beidseitig zu den Leistengebieten. Sie wenden sich jetzt einer Leistenpartie zu. (Die andere ist auch da und kommt später dran.) Die eine Leiste fühlt sich mit Hilfe der Haut zum Boden.
— Der Oberschenkel schließt sich an und kann sich in seiner Form zum Boden fühlen — oder Sie nehmen wahr, wie er dies tut. Der Oberschenkel fühlt sich bodenwärts und gleichzeitig kniewärts. (So bleibt die körperliche Energie im Fließen. Ein senkrechtes Hinspüren zum Boden in manchen Bereichen würde dieses Fließen unterbrechen.)
— Das Knie schließt sich an und kann sich bodenwärts spüren.
— Den Übergang vom Knie zum Unterschenkel beachten. Nehmen Sie wahr, wie der Unterschenkel über die Kleidung hin bodenwärts Kontakt findet. Der Unterschenkel fühlt sich bodenwärts, und Sie

bedenken gleichzeitig die Richtung zum Fußgelenk hin. Auch wenn der Unterschenkel einen Abstand zum Boden einhält, kann er sich trotzdem zum Boden hinspüren — über den Abstand hinweg.

— Sie kommen jetzt zum Fußgelenkgebiet, erkennen, wie es über den Strumpf hin zum Boden Kontakt aufnehmen kann. Der Fußrücken schließt sich an, und Sie nehmen wahr, wie er aufliegen oder sich mehr zum Boden hinspüren kann
— und kommen dann zu den Vorderseiten der Zehen. Die Großzehe kann sich ablegen und auf dem Boden ausbreiten. Die 2. und 3. Zehe spüren, wie oder ob sie am Boden ankommen. Deshalb vielleicht auch den Abstand spüren. Ebenso die 4. und 5. Zehe üben.
— Sie wenden sich jetzt aufmerksam der Ferse zu, die in der Bauchlage keinen Kontakt zum Boden hat, sondern in den Raum gerichtet ist und Kontakt zum Strumpf finden kann. Von der Ferse her die Fußsohle ansprechen. Sie kann sich von der Ferse bis zu den Zehenkuppen hin in ihrer ganzen Breite zum Strumpf hinfühlen.

Beobachtungsphase

Sie überschauen den bisher geübten Bereich: Vom Unterbauch her das eine Leistengebiet — das ganze Bein bis zur Fußsohle hin. Mit dem noch nicht geübten Bein vergleichen! Wenn Sie beide Seiten verglichen haben, schauen Sie wie mit einem inneren Auge zunächst mehr nach oben. Wie sieht es von den Schultern her rumpfwärts, beinwärts aus? Von den Schultern bis zu den Füßen? Hat sich über das geübte Bein in diesen Bereichen etwas fortgesetzt? Wenn, wie nehmen Sie es wahr?

Übungsanweisung / Fortsetzung

— Nochmals den Unterbauch in seiner ganzen Breite und im Kontakt zum Boden wahrnehmen — und sich von dort her dann dem anderen Leistengebiet zuwenden.
— Das Leistengebiet fühlt sich von der Haut her über die Kleidung zum Boden.
— Den Oberschenkel und das weitere Bein bis zur Fußsohle ebenso wie das erste üben. Dabei geduldig und ‚neugierig‘ bleiben, weil meist die

beiden Seiten nicht gleichartig reagieren. Lassen Sie sich überraschen!

Beobachtungsphase

Nachdem Sie das 2. Bein geübt haben, vergleichen Sie nochmals beide Beine und Füße miteinander. Nehmen Sie wahr, ob sich wieder etwas verändert hat. Gibt es Unterschiede von dem einen zum anderen Bein und Fuß? Kann der Unterbauch mit beiden Beinen und Füßen da sein? Wie ist der Rumpf da, wenn Sie von den Schultern her mit dem inneren Auge beobachten? Die vorderen Schulterkuppen — der Brustkorb — Oberbauch — Unterbauch — die Leisten? Und weiter die Oberschenkel — Unterschenkel — die Fußgelenke und Füße mit den Fußsohlen?

Übungsanweisung / Fortsetzung

— Versuchen sie jetzt, bei Ihren Fußsohlen zu bleiben — und gleichzeitig die seitliche Kopfauflage wahrzunehmen. Welche Gegend des Kopfes liegt auf?
  Mit Fußsohlenbewußtsein den Kopf in den Boden einbetten.
— Spüren, wie der Kopf mit dem seitlichen Hals und dem Rumpf verbunden ist.
— Erscheint es Ihnen möglich, daß der Kopf sich auf der anderen Seite ablegt? Nachspüren. Wenn ja, dann in eine ruhige Bewegung kommen, bei der der Kopf mit Haut und Haar auf Kontakt zur Umwelt eingestellt ist. Das Gesicht in Richtung Boden wird von der Nase seitlich geführt.
— Wenn der Kopf wieder aufliegt, nachspüren, wie es jetzt für Sie ist. Liegt der Kopf auf der gleichen Stelle wie bei der ersten Seite auf? Oder was ist unterschiedlich?
— Der Kopf kann sich von der neuen Auflagepartie ebenfalls in den Boden einfühlen.
— Spüren Sie wieder die Verbindung vom Kopf her zum Hals und zum Rumpf
— und beobachten Sie dann beidseitig die Arme. Wahrnehmen, wie die Oberarme und Ellbogen aufliegen, die Unterarme und Handgelenke,

die Handrücken, und wie die Finger die Bälle umgreifen. (Evtl. einen leichten Druck mit den Fingern auf die Bälle geben, den Druck lassen — und nachspüren.)

Abschließende Beobachtungsphase

Sich nochmals in der Bauchlage im Gesamt wahrnehmen — vom Kopf zu den Füßen hin — mit der Einstellung, sich bald in die Rückenlage zu bewegen. Zunächst aber dehnen und räkeln Sie sich — und lassen sich Zeit. Kommen Sie dann mit viel Bodenkontakt (auch den Kopf möglichst auf dem Boden belassen!) in die Rückenlage — und ordnen sich wiederum, daß Sie ausgerichtet auf der Übungsmatte liegen. Wie empfinden Sie nun Rück- und Vorderseite? Können Sie bei sich sein — und sich im Raum wahrnehmen?
Die Übung ausklingen lassen und das Üben beenden.

Übung 3: Kontaktübung in der Seitenlage

Vorbereitende Übungsphase

Wählen Sie eine Seite, mit der Sie zuerst üben werden. Ordnen Sie sich so auf der Übungsmatte, daß Rumpf und Kopf möglichst in einer Geraden zu liegen kommen. Hüft-, Knie- und Fußgelenke winkeln jeweils rechtwinklig ab, die Beine und Füße liegen aufeinander. Die Arme mit den Händen liegen ausgerichtet in Richtung Knie. Falls die untere Schulter es noch schwierig hat, kann ein kleines Kissen (nur!) unter dem Kopf die Lage erleichtern.
Wenn Sie sich in diese Lagerung hineingefunden haben, nehmen Sie sich zunächst von Kopf zu Fuß im Ganzen wahr. Beachten Sie die Kontakte zum Boden und die augenblickliche Körperform in der rechtwinkligen Gelenklagerung. Die Fußsohlen schauen zu einer realen oder vorgestellten Wand. Auch die Sitzbeinhöcker sind zur Wand gerichtet.

Übungsanweisung

— Suchen Sie zunächst die untere Hüfte auf. Die Hüfte kann sich zum Boden hinfühlen, und
— während sie dies noch tut, nehmen Sie Ihren Kopf wahr, ob er sich gut ablegen oder einbetten kann. Dann können die anderen Körperbereiche auch besser da sein.
— Dann nochmals die Hüfte aufsuchen — mit dem anschließenden Oberschenkel. Die Richtung des Oberschenkels erkennen. Der Oberschenkel fühlt den Kontakt zum Boden, kniewärts.
— Spüren, ob und wie das gewinkelte Knie seitlich zum Boden Kontakt findet. Der Unterschenkel schließt sich an und spürt sich in dieser seitlichen Auflage bodenwärts — in Richtung Fußgelenk.
— Wahrnehmen, wie der Fußgelenkbereich mit der seitlichen Ferse sich zum Boden spüren kann.
— Die äußere Fußkante, von der Ferse bis zur Kleinzehe spürt sich bodenwärts.
— Die Fersensohle, der anschließende mittlere und vordere Sohlenbereich bis zu den rückwärtigen Zehen (Zehensohlen) spüren sich zum Strumpf. Evtl. kann die Fußsohle im ganzen über den Strumpf hinaus fühlen zur gegenüberliegenden Wand (einer realen oder einer vorgestellten Wand, wenn die wirkliche zu weit entfernt ist).

Kurze Beobachtungsphase

Nehmen Sie jetzt die untere Hüfte mit dem anschließenden Bein und Fuß im ganzen wahr. Wie kann dieser angesprochene Bereich da sein? Wie erkennen oder empfinden Sie Körperform und Kontakt?

Übungsanweisung / Fortsetzung

— Gehen Sie von der unteren Hüfte über die Beckenhaut zur oberen — und erinnern sich dabei ans Kreuzbein. Verweilen Sie beim Kreuzbein mit guter Aufmerksamkeit, bevor Sie im Spüren weitergehen.

— Von der Hüfte her die Verbindung zum Oberschenkel erkennen und spüren, wie er Kontakt und Beziehung aufnimmt — zum unteren Oberschenkel. Im Spüren kniewärts kommen.
— Das obere Knie spürt sich von der Seite her zum unteren Knie,
— ebenso der obere Unterschenkel zum unteren. Im Spüren entdecken Sie vielleicht Bereiche, die kaum oder keinen direkten Kontakt zu etwas zulassen. Es läßt sich auch über Abstände hinwegspüren und indirekten Kontakt, Spürkontakt, aufnehmen.
— Im Spüren weitergleiten — und zum Fersen- und Fußgelenkbereich kommen. Wie kann der obere Fersen- und Fußgelenkbereich Kontakt aufnehmen zum unteren?
— Die innere Fußkante des oberen Fußes (Ferse – Großzehe) spürt sich zum unteren Fuß. Sie erkennen und spüren, wie sich dabei Kontakte ergeben.
— Die Fußsohle von der Ferse bis zu den rückwärtigen Zehen fühlt sich in der ganzen Breite zum Strumpf. Wenn die Sohle des unteren Fußes sich zu einer Wand vorgefühlt hat, spürt sich die obere Fußsohle ebenfalls zu der Wand in gleichem Abstand hin.

Beobachtungsphase

Jetzt nehmen Sie das obere Bein im ganzen von der Hüfte bis zur Fußsohle hin wahr — in seiner Form und Gestalt — im Kontakt zum unteren Bein. Stellen Sie sich dann auf beide Hüftseiten gleichzeitig ein — erkennen die Verbindung von der unteren zur oberen Hüfte — und erkennen/spüren den Beckenbereich mit beiden anschließenden Beinen, Füßen und Fußsohlen. Wie können Sie in diesem angesprochenen Bereich präsent sein? Wie empfinden Sie sich im ganzen? — Gutes Fersenbewußtsein auch in dieser seitlichen Lage beeinflußt positiv den Rücken und die Wirbelsäule.

Übungsanweisung / Fortsetzung

— Bleiben Sie gut eingestellt auf die Fußsohlen, vor allem auf die Fersen — und suchen oberhalb der Hüfte, die zum Boden gelagert ist, das seitliche Lendengebiet auf. Von dort her zum Boden hin kann Kontakt oder auch Bewegung (Zwerchfellbewegung!) wahrgenommen werden.

— Dann den seitlichen Brustkorb, das Flankengebiet, zum Boden hin wahrnehmen.
— Sich nochmals auf die Beine und Fußsohlen und Sitzbeinhöcker einstellen — und dann zum Schulterbereich kommen. Wenn die Schulter schmerzt oder stört, kann sie sich noch mehr in den Boden einfühlen oder einbetten.
— Von der Schulter her den ganzen unteren Arm erkennen: Wie findet der Oberarm Kontakt zum Boden — in Richtung Ellbogen? Der Unterarm schließt sich an. Das Handgelenk und der Handrücken liegen auf dem Boden. Alle Finger, vom kleinen Finger bis zum Daumen hin können (evtl. mit einer feinen eutonischen Bewegung) den Boden berühren.
— Erkennen Sie, wie sich der Kopf seitlich ablegen kann, mit welchen Bereichen er fühlbaren Kontakt zum Boden hat, wo er sich vielleicht noch mehr einbetten will. Die Augen können wie im Hinterkopf ruhen, damit alle anderen Körperbereiche besser da sein können.
— Nehmen Sie wahr, wie Kopf, Hals und Rumpf verbunden sind.
— Dann suchen Sie noch den oberen Arm auf — kommen dabei von der Schulter zum Oberarm und zum Ellbogen. Wann, wie ergeben sich Kontakte für den Ellbogen, und weiter für den Unterarm, für Handgelenk, Hand und die Finger zu dem unteren Arm mit Hand und Fingern?

Beobachtungsphase

a) Nehmen Sie sich im ganzen wahr — so wie Sie gelagert sind: im Kontakt — im Gespür für das Körperbild — in der Anwesenheit von Kopf zu Fuß.
b) Stellen Sie sich darauf ein, in die Rückenlage zu kommen. Mit Hilfe der Füße, die einzeln oder gemeinsam abwärts schleifen, gelangen die Beine in die ausgestreckte Lage — und Sie im ganzen wieder in den Rückenkontakt zum Boden. Ordnen Sie sich wieder, falls Sie schräg oder gebogen angekommen sind — und beobachten Sie zunächst wieder Becken, Beine, Fersen und Füße mit den Fußsohlen. Die ganze Lage-

rung am Boden wahrnehmen. Wichtig für die Ordnung der Wirbelsäule ist, daß der Kopf in der Mitte gelagert sein kann. Nehmen Sie jetzt vergleichend die geübte und die nicht geübte Seite wahr. Was bemerken Sie jetzt? Kontakt — Präsenz — Geräumigkeit? Wenn Sie genügend beobachtet und wahrgenommen haben, dehnen und räkeln Sie sich (kurz) durch — und stellen sich auf das Üben mit der andern Seite ein.

Übungsanweisung / Fortsetzung

— Sie richten sich mit der noch nicht geübten Seite in der gleichartigen Bodenlage ein. (Siehe Beschreibung zu Beginn dieser Übung!)
— Wenn der Kopf dominiert, d.h. Schwierigkeiten in der Auflage macht oder Gedanken nicht sein lassen kann, betten Sie ihn gleich gut ein und beachten die Augen vom Hinterkopf her — oder lassen die Augen wie im Hinterkopf ruhen.
— Dann beginnen Sie mit dem Kontaktspüren wieder bei der unteren Hüfte — und üben die zweite Seite ebenso wie die erste.

Abschließende Beobachtungsphase

Sich zunächst wieder mit Hilfe der Füße aus der Seitenlage in die Rückenlage bewegen lassen. In der Rückenlage sich ordnen und im ganzen wahrnehmen. Wie empfinden Sie sich vom Kopf zu den Füßen hin? Wie können Fersen und Fußsohlen da sein? Wie geht es Ihnen in/mit der zuerst und zuletzt geübten Seite? Nachruhen — und im Ruhen beobachten, was sich noch weiter als Empfindung, Gestimmtheit oder Veränderung anmeldet.
Dann dehnen und räkeln Sie sich gut durch — und kommen langsam zum Stehen. (Bitte nicht plötzlich oder schnell aufstehen, damit auch der Kreislauf mitkommen kann!) Im aufrechten Stehen spüren Sie nochmals nach, wie Sie sich empfinden: Füße parallel gerichtet, Sohlen im Kontakt zum Boden — Scheitelgebiet zur Raumdecke gerichtet, Augen in waagerechter Blickrichtung, Arme seitlich am Rumpf entlang. Nehmen Sie sich ganz in der aufrechten Haltung und Ausgerichtetheit wahr. Gehen Sie ein paar Schritte vorwärts und/oder rückwärts mit erhobenem, waagerechtem Augen-Blick. Nachspüren und das Üben beenden.

Übung 4: Vorfühlen der Sitzbeinhöcker in Rückenlage – die Fußsohlen schleifen auf der Sitzbeinhöckerlinie aus

Vorbereitende Übungsphase

Ordnen Sie sich in Rückenlage auf dem Boden und achten dabei darauf, daß die Fersen unbedingt den Sitzbeinhöckerabstand einnehmen. Legen Sie je einen Tennisball (keine Holzkugel!) *vor* die Sitzbeinhöckerkanten, also mehr beinwärts, daß aber ein guter Kontakt zwischen Sitzbeinhöckern und Ball zu spüren ist. – Falls es Ihnen gut erscheint, nehmen Sie andere Bälle, Holzkugeln oder Bambusstäbe in die Hände.

Übungsanweisung

- Nehmen Sie sich überblickartig von Kopf zu Fuß hin wahr – und kommen dann mit aufmerksamem Beobachten zum Beckenbereich.
- Der Beckenbereich fühlt sich in seiner ganzen Breite zum Boden – vielleicht hat auch das Lendengebiet schon Kontakt finden können. Die unterliegenden Bälle erleichtern dies.
- Sie erinnern sich an das Kreuzbein, das im Beckenraum da ist – in seiner Schalenform. Das Kreuzbein kann den Versuch unternehmen, sich schräg durch die Beckenhaut – und durch die Kleidung zum Boden zu fühlen. Dies beobachten – und belassen, wie es geschehen konnte.
- Sie spüren, daß beide Bälle im unteren Beckenbereich, bzw. beim Oberschenkelansatz da sind.
- Stellen Sie sich auf einen Ball ein – (erkennen diesen kleinen erhöhten Widerstand).
- Der Bereich des Beines, der über dem Ball zu liegen kommt, kann sich – mit Haut und Muskulatur – schräg vorwärts durch den Ball bodenwärts spüren. – Sie fühlen mit Ihrem Bein dort im Ballbereich schräg nach vorne, durch den Ball – bodenwärts. (*Schräg*, nicht senkrecht, damit das weitere Bein energiemäßig versorgt bleibt und keine Stauung erfährt.)

– Während sich das Bein dort noch durch den Ball fühlt, können sich der anschließende Oberschenkel, die Kniekehle und der Unterschenkel ebenfalls schräg zum Boden hinfühlen.
– Sie erkennen die Ferse und ihre Auflagefläche zum Boden – die Fußsohle im Kontakt zum Strumpf – den Fußrücken und die Zehen – den ganzen Fuß rundherum.

Beobachtungsphase

Zunächst das gesamte Bein beobachten und mit dem ungeübten Bein vergleichen. Beobachten Sie dann oberhalb des Beckens auf der übenden Seite das Lendengebiet – ebenso den Rücken von der Schulter bis zum Becken hin. Die Rückenhaut kann wach da sein. Überschauen Sie und spüren dabei die Kontakte für Schulter, Oberarm, Unterarm und Hand. Überschauen Sie die ganze Seite vom Ball her – und erkennen die Richtung vom Sitzbeinhöcker durch den Ball zur Ferse hin – eine gerade Linie. Vergleichen Sie die geübte mit der nicht geübten Seite.

Übungsanweisung / Fortsetzung

– Wenden Sie sich mit Ihrer Aufmerksamkeit der 2. Seite zu. Das Kreuzbein kann da sein – und Sie kommen von der Beckenauflage dorthin, wo Sie den 2. Ball spüren.
– Üben Sie dieses Bein entsprechend der Übungsanweisung für das erste Bein.

Beobachtungsphase

Beobachten Sie wieder zunächst auf der übenden Seite den gesamten Bein- und Fußbereich, dann das Lendengebiet – den Rücken mit der Rückenhaut – Schultergebiet, Oberarm, Ellbogen, Unterarm, Handgelenk und die Hand mit den Fingern. Dann überblicken Sie sich in beiden Seiten – sind wach dafür, wie Sie sich in beiden Seiten empfinden – ob Sie etwas ausgleichen möchten, indem Sie nochmals durch den Ball fühlen – oder sich deutlicher vom Sitzbeinhöcker durch den Ball fersenwärts orientieren möchten.

Stellen Sie sich beobachtend aufs Kreuzbein ein — und auf die Hinterkopfschale. Von der Hinterkopfschale bis zur Kreuzbeinschale erstreckt/bewegt sich die Wirbelsäule. Von den Sitzbeinhöckern her geht eine Orientierungslinie zu den Fersenbeinen hin.

Übungsanweisung / Fortsetzung

— Bleiben Sie mit Ihrer Aufmerksamkeit bei dem Sitzbeinhöcker der zuletzt geübten Seite. Von der Sitzbeinhöckerkante spürt sich der Sitzhöcker durch den Ball — er fühlt sich vor — an der Orientierungslinie entlang in Richtung Ferse. Sie beobachten, wie es geschehen kann. Lassen Sie sich Zeit. Vielleicht kommt der Sitzbeinhöcker mit dem Vorfühlen bis zur Ferse — wenn nicht, nehmen Sie es so an, wie es geworden ist. Dann beobachten Sie nochmals die Seite von der Schulter her. Es kann sich wieder etwas bewegt, verändert haben.
— Über die Aufmerksamkeit für den gesamten Beckenbereich kommen Sie zum anderen Sitzbeinhöcker. Auch der kann den Versuch unternehmen, sich durch den Ball vorzufühlen. Durch den Ball — an der Orientierungslinie von vorhin entlang — in Richtung Ferse. Der Sitzbeinhöcker kann sich vorfühlen. Geduld. Wenn dieser Sitzbeinhöcker sich in gleicher Weise wie der erste vorfühlen konnte, beobachten Sie sich auf dieser übenden Seite von der Schulter bis zur Ferse hin. Vergleichen Sie mit der erstgeübten Seite.

Abschließende Phase oder Übergangsphase

Nehmen Sie mit ruhiger Bewegung beide Bälle heraus — und beobachten Sie sich anschließend im ganzen, Ihren Kontakt, Ihr Befinden, Ihr Körperbild. Was zeigt sich für Sie? Wie sind Sie jetzt da? Falls Sie das Üben hier beenden wollen, dehnen und räkeln Sie sich gut durch — ruhen noch eine Weile nach — und könnten im Stehen das Geübte noch einmal nachempfinden. Auch nach einem Dehnen und Bewegen ist der Übergang in eine weitere Übungsphase möglich.

— Stellen Sie jetzt einen Fuß so auf, daß die Sohle auf der Linie des vorgefühlten Sitzbeinhöckers zu ruhen kommt. Das Knie ist dabei angewinkelt.
— Das Becken kann in seinem Kontakt nochmals erspürt werden — auch mit der Veränderung, die sich durch das angewinkelte Bein ergibt.
— Das Kreuzbein ist da, bewußt seine Schalenform nochmals ansprechen. Es kann sich evtl. in seiner Schalenform flach unterhalb des Bodens kniewärts vorfühlen.
— Beobachten Sie das ruhende Bein vom Becken bis zur Ferse und Fußsohle hin. Es bleibt beim Üben des anderen Beines mit anwesend und integriert.
— Der Hinterkopf kann sich gut in den Boden einbetten — entgegengesetzt der Fußrichtung.
— Wenden Sie jetzt Ihre Aufmerksamkeit dem aufgestellten Fuß, vor allem der Fußsohle zu — von der Ferse bis zu den Zehen hin.
— Die aufgestellte Ferse fühlt sich mit dem Fersenpunkt in den Boden ein.
— Beachten Sie die Beziehung von der Ferse zur Großzehe. Der Fußpunkt unter dem Grundgelenk der Großzehe fühlt sich in den Boden. Es tut im allgemeinen gut, wenn die Großzehe vorübergehend einen leichten eutonischen Druck zum Boden ausüben kann. Damit wird der innere Fußrand mehr bewußt, und der Fuß steht nicht überwiegend an der Außenkante auf.
— Auch der Fußpunkt unter dem vierten Grundgelenk (4. Zehe) fühlt sich in den Boden. Beachten Sie die Verbindung aller drei Fußpunkte untereinander (siehe S. 148).
— Die Kuppen aller fünf Zehen können sich zum Strumpf — und über den Strumpf hinaus vorfühlen. Sie zeigen alle gerade aus in Richtung gegenüberliegender Wand.
— Die Großzehe gibt die Richtung an und übernimmt die Führung — wenn jetzt die Sohle zu schleifen beginnt. Die Sohle schleift vorwärts auf der Sitzbeinhöckerlinie — dorthin, wo vorhin die Ferse auflag. Die Zehen zeigen wandwärts.

- Das vorgefühlte Kreuzbein schaut der Ferse und der schleifenden Fußsohle nach.
- Die Sohle schleift. Nicht: Der Oberschenkel schiebt! Die Bewegung geht von der Sohle aus. Auch wenn sie den Boden im Schleifen irgendwann verläßt, behält sie noch Kontakt bodenwärts.
- Die Großzehe behält die Führung, ausgerichtet auf die gegenüberliegende Wand — und *in einer leichten Beugung bodenwärts* — bis das Bein in der ausgestreckten Lage angekommen ist. Die Beugung der Großzehe ist wesentlich. Die Fußsohle wird elastischer und die Wirbelsäule wird bis zum Kopf durchgehend angesprochen, weil der Fuß nicht zu schnell den Boden flieht.

Beobachtungsphase

Zunächst das Bein wirklich ankommen lassen — noch nichts anderes tun — und dann beobachten, wie es angekommen ist. — Vielleicht will dann die Ferse leicht wandwärts vorschieben, als wenn sie einen Gegenstand bewegen möchte. Dann *läßt* sie. Andernfalls bleibt Anspannung.

Übungsanweisung / Fortsetzung

- Stellen Sie den anderen Fuß auf die Sitzbeinhöckerlinie. Das Knie ist abgewinkelt, die Fußsohle kann sich einfühlen.
- Üben Sie mit dem zweiten Bein nach der Anweisung für das erste; erinnern Sie sich jeweils an die Beckenauflage, das vorgefühlte Kreuzbein und die eingefühlte Hinterkopfschale.
- Beginnen Sie dann, das zweite Bein auszuschleifen, wann es für Sie dran ist. Das Kreuzbein schaut dem schleifenden Fuß nach.

Beobachtungsphase

Wenn das zweite Bein in der ausgestreckten Lage angekommen ist, die Ferse evtl. dehnen konnte, beobachten Sie die neue Lagerung, das Bein in seiner neuen „Qualität". Vergleichen Sie beide geübten Seiten miteinander. Dann: Mit guter Aufmerksamkeit für das Kreuzbein könnten beide Fersen *gleichzeitig* dehnen, wandwärts vorschieben und dann das

Dehnen lassen. Lassen. Beobachten, was jetzt geschehen konnte — in welche Körperbereiche sich dieses Dehnen und Lassen auswirken konnte. Vielleicht mögen Sie nochmals mit beiden Fersen gleichzeitig dehnen, das Kreuzbein ist mit dabei. Das Lassen nicht vergessen. Beobachten.
Ruhen Sie gut nach — und beenden das Üben in der Ihnen gemäßen Weise.

Übung 5: Das Kreuzbein erwecken

Kurze Vorinformation zum Kreuzbein (siehe Abbildung S. 146): Das Kreuzbein gehört seiner Struktur nach zur Wirbelsäule. Es ist aus den fünf Kreuzbeinwirbeln zusammengewachsen. Der Wirbelkanal der Wirbelsäule, durch den die Nervenbahnen laufen, setzt sich beim Kreuzbein als Kreuzbeinkanal fort. Aus diesem Kreuzbeinkanal führen auf jeder Seite vier kleine Kanäle nach außen, d. h. zwischen den zusammengewachsenen fünf Wirbeln des Kreuzbeines entstehen die vier „Zwischenwirbellöcher", seitliche Unterbrechungen. Die Deckplatte des Kreuzbeines ist durch die 5. Lendenbandscheibe mit der Wirbelsäule verbunden.
Das Kreuzbein bildet eine dreieckige Schalenform, die oben mit einer breiten Kante beginnt und sich nach unten zu verjüngt und schmal zuläuft (im Steißbein). Die Kreuzbeinschale hat über die Wirbelsäule Beziehung zur Kopfschale.
Nach beiden Seiten hin ist das Kreuzbein gelenkig mit den Beckenschalen verbunden, *nicht verwachsen!* Die Iliosacralgelenke, Gelenkflächen, ermöglichen durch Bänder eine leichte Beweglichkeit zwischen Kreuzbein und den beiden Darmbeinen.
Wie andere Knochen auch, besteht das Kreuzbein nicht aus einer festen Masse, sondern ist aus vielen kleinen Knochenbälkchen luftig aufgebaut. Es wird von Nerven- und Blutbahnen durchzogen, ist also leicht und lebendig, nicht starr oder zementig-tot.

Vorbereitende Übungsphase

Die Rückenlage einnehmen — beide Füße in Sitzbeinhöckerabstand in gemäßer Entfernung vor dem Becken aufstellen (Zeichnung S. 147) — Bälle oder Holzkugeln in den Händen.

Übungsanweisung

- Sich im Ganzen auf dem Boden in dieser Lage wahrnehmen — und einfach bewußt haben: das ist mein Becken, das sind meine Beine und Füße, die Fußsohlen ruhen auf dem Boden.
- Stellen Sie sich zunächst auf den Beckenbereich ein. Achten Sie darauf, was Sie vom Becken jetzt spüren. Auch der gesamte Rücken kann sich zum Boden hinspüren — und Sie beobachten gleichzeitig, ob sich das Lendengebiet, der untere Rücken, zum Boden fühlen oder noch mehr hinbewegen kann, ohne daß Sie dort einen Druck ausüben oder etwas ‚machen'.
- Neben dem Rücken liegen beidseitig die Arme. Nehmen Sie die Kontakte beider Arme und Hände überblickartig wahr. Die Finger umgreifen die Bälle.
- Beide Fußsohlen können sich mit Hilfe der Fußpunkte leicht in den Boden einfühlen. Je besser Sie in den Füßen sind, um so einfacher wird es für die Oberschenkel.
- Die Fußsohlen sind da — und die Hinterkopfschale fühlt sich scheitelwärts in den Boden, also entgegengesetzt der Kreuzbeinschale.
- Dann kommen Sie mit Ihrer Aufmerksamkeit wieder zum Beckenbereich — und bedenken oder erinnern sich, daß dort im Innenraum das Kreuzbein liegt. Es ist da, auch wenn es Ihnen (noch) nicht bewußt ist.
- Dort, wo Sie Ihr Kreuzbein vermuten, suchen Sie einen Zugang nach innen — zum Kreuzbein. Bleiben Sie zunächst auf die rückwärtige Kreuzbeinseite eingestellt, die zur Beckenhaut zeigt.
- Das Kreuzbein ist an der oberen Kante (Deckplatte / *Basis osis* und *ala sacralis*) breit und verjüngt sich zum Steißbein hin. Gehen Sie mit Ihrer Aufmerksamkeit, mit Ihrem Bewußtsein in dieser Richtung am Kreuzbein entlang — und bedenken Sie dabei die Schalenform. Die-

ses bewußte Entlangspüren an der Kreuzbeinrückseite können Sie wiederholen — vielleicht auch mit der inneren Einstellung, daß jeder Knochen von Knochenhaut umgeben ist.

— Sich dann auf die Füße einstellen — und mit beiden Füßen und von den Fußsohlen her leicht und eindeutig (wie) durch den Boden durchstoßen, evtl. in der Richtung, die die Unterschenkel angeben (Erinnerung an die Zeichnung S. 147!) — und das Durchstoßen dann lassen.

— Wie kann das Kreuzbein jetzt reagieren? — Reagiert es — oder (noch) nicht? Seien Sie einfach beobachtend beim Kreuzbein und warten, ob etwas geschieht. Bewußt auch die Beziehung Kreuzbein – Füße wahrnehmen.

— Jetzt wieder innen sein beim Kreuzbein im Beckenraum, d. h. sich auf die Innenseite des Kreuzbeines einstellen, die zum Bauchraum zeigt. Von der oberen breiten Kante gehen Sie fühlsam, mit guter Einstellung am Kreuzbein entlang — in Richtung Steißbein. Bedenken Sie auch die vier Unterbrechungen jeweils seitlich am Kreuzbein. Das Steißbein schwingt sich in der Rückenlage leicht nach oben. Das Spüren übers Steißbein hin entlassen.

— Dann nochmals zur oberen Kreuzbeinkante kommen — und versuchen, von dieser Breitseite her in das Kreuzbein zu gelangen, d. h. *durch* das Kreuzbein zu gehen. Suchen Sie sich durch die Knochenbälkchen einen Weg. Sehen Sie sich im Kreuzbein innen um. Das Kreuzbein ist luftig und klar aufgebaut. Durch das Kreuzbein gehen — und durch das Steißbein diese Fühlrichtung nach außen entlassen — und dennoch beim Kreuzbein bleiben (nicht das Kreuzbein verlassen!).

— Es schließt sich wieder das Durchstoßen der beiden Füße an. Sie stoßen mit beiden Füßen von den Fußsohlen her (wie) durch den Boden durch. Die Fersen bleiben dabei auf dem Boden. Mit der ganzen Fußfläche Widerstand durch/in den Boden entwickeln.

— Und wieder eindeutig, aber behutsam lassen. Beobachten, was jetzt geschehen kann. Diesen kleinen Versuch nachschwingen lassen und dann erst im eigenen Rhythmus, wann es für Sie dran ist, wiederholen.

(Durchstoßen heißt nicht, die Füße schleifen. Die Füße bleiben beim Durchstoßen auf der Stelle und entwickeln Widerstand in den Boden.)

– Achten Sie darauf, daß der Hinterkopf gut eingebettet bleibt und das Kinn sich nicht in die Luft reckt.

Übungsanweisung / Fortsetzung

– Obwohl Sie innen beim Kreuzbein bleiben, achten Sie nun auch aufs Becken im ganzen. Da ist Beckenhaut gleich unter dem Kreuzbein – und auch rechts und links vom Kreuzbein.
– Die Beckenhaut der rechten Seite kann sich durch die Kleidung bodenwärts, hüftwärts fühlen. Beobachten Sie, wie Sie sich über diese Hautfühlung leicht nach rechts verlagern – und wie die Haut sich auch zurückfühlt, bis Sie wieder in der Mitte aufliegen. Warten und beobachten Sie dann. Wie empfinden Sie jetzt das Kreuzbein? Wie empfinden Sie sich im ganzen?
– Das Gleiche üben Sie mit der Beckenhaut nach der anderen Seite hin. Die Beckenhaut fühlt sich bodenwärts, hüftwärts – und Sie verweilen gleichzeitig mit Aufmerksamkeit beim Kreuzbein. Fein-fühlig geht es dann den umgekehrten Weg – bis das Kreuzbein wieder in der Mitte aufliegt. Warten. Beobachten, ob etwas nachschwingt.
– Dann wieder mit beiden Füßen fein und bestimmt durchstoßen – und die Richtung flach unterhalb des Bodens beachten. Das Durchstoßen dann lassen. (s. Zeichnung S. 147)
– Da sich das Lendengebiet während des Lassens wieder ablegt, können sich die Dornfortsätze der einzelnen Wirbel flach unter den Boden vorfühlen – in Richtung auf Kreuzbein und Füße hin.
– Dann erst legt sich das Kreuzbein ab – und kann sich ebenfalls mit seinen Dornfortsätzen fußwärts in den Boden einfühlen.
– Aufmerksam für das Kreuzbein sein – was geschieht jetzt in diesem Bereich? Vielleicht ist wieder etwas anderes angesprochen und bewegt worden. Warten. Nachschwingen lassen.

Abschließende Übungsanweisung

– Wenn sie genügend beobachtet haben, ordnen sich beide Füße zueinander, die Fußsohlen auf dem Boden, die inneren Fußkanten berühren sich. Die Füße schauen gerade nach vorne, die Großzehen geben die Richtung an, können sich jedoch gleichzeitig leicht bodenwärts beugen (nicht krampfartig und auch nicht krallend!).

— Dann beginnen beide Sohlen gleichzeitig eine Schleifbewegung. Die Sohlen bleiben dabei (zunächst) ganz auf dem Boden — und führen schleifend die Beine in die ausgestreckte Lage.
— Das Kreuzbein schaut den Fußsohlen und Fersen nach, d. h. es bleibt mit dabei.
— Auch wenn die Sohlen sich irgendwann vom Boden lösen, bleiben Sie im Fühlkontakt bodenwärts beim letzten Stück der Schleifbewegung. Die Beine kommen an — die Füße lagern sich, wie es für sie einfach dran ist. Ruhen. Nachspüren. Falls die rückwärtigen Beinbereiche jetzt verkürzt empfunden werden, kann zuerst die eine, dann die andere Ferse über den Boden vorschieben, ein vorgestelltes Holz wegschieben, dehnen — und lassen. Nachdem die erste Ferse vorschieben und lassen konnte, beobachten Sie das Bein wieder, vergleichen mit dem anderen — und warten beobachtend. Dann erst kann die andere Ferse drankommen.
— Erkennen: Beide Beine — Oberschenkel — Unterschenkel — Fersen — Fußsohlen und Fußrücken — die Zehen.

Abschließende Beobachtungsphase

Vom Kreuzbein her nochmals überschauen: das Becken mit dem Kreuzbein — die Beine und Füße. Die ganze rückwärtige Auflage von der Kopfschale zur Kreuzbeinschale hin — von der Kreuzbeinschale zu den Fersen(schalen) hin wahrnehmen. Kopf und Rumpf mit Armen und Beinen. Wie empfinden Sie sich jetzt? Was haben Sie während des Übens erfahren können? Mit Bewußtsein für Ihr Kreuzbein dehnen Sie sich abschließend gut durch und beenden das Üben.

Übung 6: Kontrollübung für Kreuzbein- und Lendengebiet in der Seitenlage

Vorbereitende Übungsphase

Wählen Sie für diese Übung *die* Seite, die sich Ihnen spontan anbietet oder Ihnen am günstigsten erscheint. Bei dieser Seitenlagerung achten Sie auf folgendes: Die Knie sind gut angewinkelt. Beide Knie können so weit wie möglich angezogen werden, wobei das Knie des oberen Beines über und vor das untere zum Boden finden sollte. Beide Arme und Hände kommen nach vorne kniewärts zu liegen, evtl. aufeinander. Falls die untere Schulter es noch notwendig macht, geben Sie dem Kopf eine leichte Unterstützung mit einem kleinen Kissen oder gefalteten Frottiertuch.

Übungsanweisung

— Spüren Sie, daß/wie die untere Hüfte am Boden liegt. (Evtl. liegen Sie noch etwas vor der Hüfte. Mit häufigerem Üben kommen Sie in der Seitenlage mehr und mehr darauf zu liegen.)
— Die untere Hüfte also im Bodenkontakt wahrnehmen, ebenso das anschließende Bein (Oberschenkel, Kniegelenkbereich, Unterschenkel) — in der angewinkelten Lagerung und dem seitlichen Kontakt wahrnehmen — und den Fuß, wie er Kontakt zum Boden aufnehmen kann. Form und Kontakt des Beines in einem spüren. Wohin schaut die Fußsohle?
— Von der unteren Hüfte übers Becken- und Kreuzbeingebiet entlangspüren — und zur oberen Hüfte kommen. Von dorther spüren Sie weiter die Verbindung zum Oberschenkel, erkennen die Richtung, die er einnimmt und seinen Kontakt zur Kleidung, gelangen zum Knie und spüren, wie es seitlich am Boden ankommt. Das Spüren geht weiter zum Unterschenkel und zum Fuß, die seitlich Kontakt zum Boden finden.
— Gehen Sie spürsam von der Ferse bis zu den rückwärtigen Zehen an der Fußsohle entlang — und nehmen Sie wahr, in welche Richtung die Fußsohle schaut.

— Wohin schaut die rechte — wohin schaut die linke Fußsohle? Lassen Sie sich Zeit, dies zu erkennen und zu erspüren.
— Sprechen Sie die beiden Fersen an — gehen mit Bewußtsein zu Ihren beiden Fersen — und achten darauf, was das für Sie bedeutet.
— Beide Füße sind also da — Sie bleiben gut darauf eingestellt,
— wenn Sie jetzt zum unteren seitlichen Lendengebiet gehen. Es ist der Bereich zwischen Beckenkamm und Brustkorb. Dort ist Haut, die sich durch die Kleidung bodenwärts fühlen kann. (In diesem Bereich kann/sollte es bewegt sein.)
— Fersen und Füße noch immer wach im Sinn — wenn Sie jetzt den freien Handrücken aufs Kreuzbeingebiet legen — und dort etwas so verweilen — mit der Frage: „Ist es hier lebendig — oder mehr stumm und unbewegt?" Die Haut des Kreuzbeinbereiches fühlt sich freundlich durch die Kleidung zum Handrücken.
— Das untere Lendengebiet kann sich auch nochmals und gleichzeitig der Frage stellen: „Bewegt sich dort etwas — vielleicht ganz fein und überraschend?"
— Wenn eine feine Bewegung ankommen konnte, wenn Sie das Lebendige gespürt oder geahnt haben, legen Sie die Hand zum Ausruhen wieder nach vorne.
— Bleiben Sie mit guter Einstellung beim Kreuzbein und den Fersen
— und spüren Sie weiterhin die untere Flanke (Brustkorbseite) am Boden, Achsel und Schulter, Oberarm und Unterarm, Handgelenk und die Hand — wie sie zum Boden hin Kontakt finden können.
— Der Kopf und der Hals fühlen sich in dieser seitlichen Lagerung bodenwärts.
— Von der unteren Schulter erkennen und spüren Sie die Beziehung zur oberen Schulter. Oberarm, Unterarm und die Hand schließen sich an. Sie erkennen, wie sie gelagert sind und spüren, wohin sich Kontakte ergeben.

Einstellung auf die 2. Übungsphase

— Nehmen Sie sich noch einmal überblickartig im ganzen wahr. Dann kann sich der obere Arm ausgestreckt auf die Rumpfseite legen. Spüren Sie die neuen Kontakte. Die Handinnenfläche kommt auf die Hüfte oder den Oberschenkel zu liegen.

Übungsanweisung / Fortsetzung

— Erinnern Sie sich an die Wirbelsäule, die sich in Ihnen von der Kopf- bis zur Kreuzbeinschale erstreckt: die sieben Halswirbel — die zwölf Brustwirbel — die fünf Lendenwirbel — und das anschließende Kreuzbein.
— Stellen Sie sich jetzt darauf ein, daß die Hand und der (zunächst) ausgestreckte Arm — am Rücken entlang — nach hinten/unten gleiten.
— Die Hand mit dem Arm fühlt sich gleitend abwärts — am Rücken entlang — auch wenn sie nicht am Boden ankommen kann.
— Im oberen Armbereich ist die bewegliche Schulter — mit dem beweglichen Schulterblatt. Erinnern Sie sich daran und stellen sich darauf ein. Evtl. könnten Sie mit der unteren Hand die Schulter freundlich anfassen, damit sie besser mit in die Bewegung gehen kann.
— Wichtig ist jetzt, daß Sie nochmals aufmerksam zum Kreuzbein und zum Lendengebiet hinspüren, Ihre Aufmerksamkeit dort versammeln. Ganz da sein. In sich sein.
— Beide Knie bleiben klar auf dem Boden, sonst wird etwas mechanisch gemacht, eine noch bestehende Grenze überschritten, sich einer Täuschung überlassen.

Beobachtungsphase

Wenn der Versuch, daß der Arm bodenwärts gleiten kann, reicht, strecken sich die Beine lang aus, die Füße nehmen die Beine mit. Ausruhen. Nachruhen. Beobachten. Die geübte und ungeübte Seite vergleichen. (Was Sie evtl. als Lebendigkeit im Kreuzbein- und Lendengebiet spüren, ist die Bewegung vom Zwerchfell.) Nach einer guten Pause lagern Sie sich mit der anderen Seite auf den Boden. Dabei liegt wieder das obere über dem unteren Bein mit dem Knie auf dem Boden.

Übungsanweisung / Fortsetzung

— Von der linken Hüfte her beginnend nehmen Sie Kontakt zunächst für das linke Bein und den Fuß wahr — und üben entsprechend der Anweisung für die erste Seite — bis Sie beide Hüftseiten und beide Beine klar in der Lagerung und im Kontakt erkennen und spüren.
— Dann kommen Sie mit Ihrer Aufmerksamkeit wieder zu beiden Fußsohlen — und beantworten im Spüren die Frage: „Wo schaut die eine, wo schaut die andere Fußsohle hin?" Können beide Fersen da sein — und was bedeutet das für Sie?
— Ohne das Bewußtsein für die verschieden ausgerichteten Fußsohlen zu verlieren, kommen Sie spürsam zum seitlichen unteren Lendengebiet. Dort ist Haut. Die Haut fühlt sich durch die Kleidung bodenwärts — die Haut zwischen Beckenkamm und Brustkorbrand.
— Erinnern Sie sich jetzt an Ihr Kreuzbein — und versuchen, Lendengebiet und Kreuzbeingebiet in einem zu spüren. Lenden- und Kreuzbeingebiet können verbunden als ein Bereich empfunden werden.
— Die Fersen und Fußsohlen sind noch dabei — wenn Sie sich mit Ihrer Aufmerksamkeit jetzt vom Kreuzbein aus etwas nach oben hin orientieren. Anschließend an das Kreuzbein kommt zuerst eine Bandscheibe, dann der 5. Lendenwirbel. Zwischen den Beckenkämmen und oberhalb des Kreuzbeines erkennen Sie den 5. Lendenwirbel. (Die Lendenseite bleibt auch jetzt gut im Gespür zum Boden!)
— Gehen Sie in Ihrer Vorstellung und im Spüren um den 5. Lendenwirbel herum, um den Wirbelkörper. Rund um den Wirbel gibt es Raum, Geräumigkeit. Der rückwärtige Raum hat Verbindung zur Innenseite der Rückenhaut hin. Nach einer weiteren Bandscheibe schließt sich der 4. Lendenwirbel an. Auch um diesen 4. Lendenwirbel gehen Sie spürsam drumherum — ohne das Gefühl für die Lendenseite am Boden zu verlieren. Rund um den Lendenwirbel gibt es Geräumigkeit.
— Vielleicht mögen Sie in ähnlicher Weise auch noch um das Kreuzbein herumgehen — mit der bleibenden Aufmerksamkeit für die Lendenseite am Boden.

– Jetzt kann – mit ruhiger Bewegung – der rechte Handrücken sich auf den Kreuzbeinbereich legen, evtl. auch einmal zum Lendengebiet. Lassen Sie sich Zeit dazu. Wenn eine feine Bewegung von innen nur schwierig zu erspüren ist, kann sich die Haut im Kreuzbeinbereich wieder freundlich durch die Kleidung zum Handrücken spüren.
– Der Arm kann nochmals nach vorne zum Ausruhen kommen – oder Sie lassen ihn noch auf dem Kreuzbeinbereich spürsam ruhen – und gehen dabei
– aufmerksam zur linken Flanke, zum Achselgebiet, Oberarm, Unterarm und Hand. Der Kopf kann sich seitlich ablegen und einbetten. Der seitliche Hals spürt sich zu einem Kontakt.
– Dann legt sich der obere Arm gestreckt auf den Rumpf, die Handfläche hat Kontakt zur Hüfte oder zum Oberschenkel.
– Hand und Arm stellen sich auf die Bewegung ein.
Dann gleiten sie am Rücken entlang – bodenwärts – fühlen sich immer weiter abwärts, auch wenn sie nicht ankommen.
– Schulter und Schulterblatt sind beweglich – und können sich mit nach rückwärts fühlen. Auch der Kopf kann sich evtl. mehr gerade verlagern, damit er die Bewegung nicht behindert.
– Kontrolle für das Kreuzbein- und Lendengebiet! Dort sein. Beide Knie bleiben im Kontakt zum Boden.

Beobachtungsphase

Wenn die Bewegung und Ihr Verweilen darin Ihr Maß erreicht haben, nachspüren, was sich an innerer Bewegung zeigt. Vielleicht noch etwas abschließend verweilen und beobachten. (Die innere Bewegung im Rückengebiet, auch wenn sie nur sehr fein und andeutungsweise vernehmbar war, ist die wichtigste.)
Beobachten Sie von Ihrem Rücken her das Kreuzbeingebiet und den Beckenraum – den Übergang in die Beinräume – den Durchgang bis zu den Fersenräumen – so, wie es Ihnen jetzt möglich ist.
Wenn die Dehnlagerung für Sie reicht, strecken Sie sich von den Füßen her lang aus. Ruhen Sie ausgiebig nach. Horchen Sie in sich hinein – und beobachten Sie wach Ihre Befindlichkeit.

Vor dem Aufstehen dehnen und räkeln Sie sich gut durch, damit sich beide Körperseiten aus- und angleichen. Das Erübte läßt sich im Stehen und Gehen nachspüren.

Übung 7: Fußsohlenerweckungsübung

Vorbereitende Übungsphase

Nehmen Sie die Rückenlage ein — und achten darauf, daß die Fersen im Abstand der Sitzbeinhöcker liegen. Die Arme liegen seitlich am Rumpf entlang. Bälle oder Holzkugeln in den Händen verhelfen dazu, besser bei sich zu sein und besser in die Füße zu kommen.

Übungsanweisung

- Nachdem Sie sich überblickartig erkannt und wahrgenommen haben, beginnen Sie diesmal mit dem Kontaktspüren beim Hinterkopf. Spüren Sie, wie er aufliegt in seiner Schalenform — und sich scheitelwärts entgegengesetzt der Fersenrichtung in den Boden einfühlen kann. Das rückwärtige Halsgebiet, in dem sich die sieben Halswirbel befinden, fühlt sich ebenfalls bodenwärts.
- Spüren Sie den Übergang vom Hals zum oberen Rückenbereich. Der obere Rücken in der ganzen Breite fühlt sich mit der Haut zur Kleidung — und weiter zur Matte. (Es können Ihnen in diesem oberen Rückenbereich unklare Zonen begegnen. Diese brauchen besondere Zuwendung.)
- Vom oberen Rücken aus gehen Sie zu *beiden* Armen — Oberarme, Ellbogen, Unterarme, Handgelenke und Hände. Hände und Finger lassen sich im Kontakt zu den Bällen und zum Boden spüren. Die Kleinfingerzonen sollten im Kontakt zum Boden aufliegen.
- Dann den Übergang vom oberen zum unteren Rücken aufsuchen. Der untere Rücken, das Lendengebiet, in seiner ganzen Breite nimmt Kontakt von der Haut her zur Kleidung — und weiter zum Boden.

– Sie kommen weiter zum Beckenbereich, erkennen und spüren die Kontakte in der ganzen Auflagefläche – und stellen sich auch darauf ein, eine Einsicht nach innen zu den Knochen im Beckenraum zu nehmen.
– Das Kreuzbein in seiner Schalenform erkennen und wahrnehmen. Es kann sich von seinem stumpfen unteren Ende her schräg nach vorne – durch die Beckenhaut und die Kleidung – am Boden entlang oder leicht unterhalb des Bodens vorwärts, fußwärts vorfühlen. Sich dazu Zeit lassen!
– Das Kreuzbein ist nach beiden Seiten mit den Beckenschalen gelenkig verbunden. Orientieren Sie sich beidseitig an den Beckenschalen entlang, kommen über die Hüftkämme zu den Darmbeindornen, von dort zu den Hüftgelenken – und weiter zu den Sitzbeinhöckern.
Die Sitzbeinhöcker schauen durch die Beinräume geradeaus zu den Fersen hin.
– Beachten Sie alles, was Sie vom Becken wahrnehmen: innere Struktur und äußeren Kontakt – und
– kommen Sie dann zu *beiden* Oberschenkeln – Kniekehlen – Unterschenkeln mit Wade und Achillessehnengebiet (zwischen Wade und Ferse). Alles kann sich zur Kleidung und bodenwärts, fußwärts fühlen.
– Den Übergang zu beiden Fersen, die Fersenauflagen erkennen und wahrnehmen. Von den Fersen bis zu den rückwärtigen Zehen kann sich die Fußsohle zum Strumpf hinfühlen. Den Fußrücken und die Vorderseiten der Zehen, alle fünf Zehen mit ihren Zwischenräumen erkennen. Es tut gut, einmal die Zehen zu bewegen, spürsam, damit sie spürbarer werden.
– Die Fußsohlen, die sich schon zum Strumpf hinfühlen konnten, machen nun den Versuch, über sich hinaus zu fühlen – zu einer realen oder vorgestellten Wand hin.
– Für das Bein, mit dem Sie zuerst üben wollen, orientieren Sie sich zunächst nochmals vom Sitzbeinhöcker zur Ferse hin. Der Sitzbeinhöcker kann sich von seiner Kante her fersenwärts vorfühlen – in einer geraden Linie.
– Dann einfach einen Fuß aufstellen (er braucht nicht angeschleift zu werden): das Knie ist angewinkelt – der Unterschenkel steht schräg

(nicht senkrecht!) fußwärts — die aufgestellte Fußsohle steht genau auf der Mittellinie, die der vorgefühlte Sitzbeinhöcker bildet.

— Die aufgestellte Fußsohle fühlt sich gut zum Boden hin — in den Boden ein.

— Die andere Fußsohle bleibt im Fühlen ausgerichtet zu der (realen oder in angemessener Entfernung vorgestellten) Wand. Auch das vorgefühlte Kreuzbein nicht aus dem Bewußtsein verlieren.

— Für die aufgestellte Fußsohle werden jetzt die drei Fußpunkte angesprochen. (Siehe Abb. S. 148)
In der Mitte der Ferse — der *1. Fußpunkt,*
unter dem Großzehengrundgelenk — *der 2. Fußpunkt,*
unter dem Grundgelenk der 4. Zehe — *der 3. Fußpunkt.*
Mit Hilfe dieser Fußpunkte fühlt sich die Sohle noch besser zum Boden und in den Boden ein.

— Dann beginnt eine sehr feine Fühlbewegung, die nur von der Fußsohle ausgeht. Sie können sich die Gradeinteilung einer Briefwaage vorstellen — in diesem feinen Sinn verlagert sich das Fühlen der Fußsohle im Kontakt zum Boden immer mehr zur Innenkante des Fußes — wobei sich durch das saubere, geduldige Fühlen der Fußsohle — und *nur* der Fußsohle — eine zur Mitte hin geneigte, vielleicht nur angedeutete, Bewegung des gesamten Beines ergibt. (Sie spüren und haben bewußt, die Beziehung von der Ferse zur Großzehe!)

— Der Oberschenkel (mit seiner Muskulatur) spielt mit und wird mit in die Bewegung genommen, aber er führt nicht an. (Zum besseren Gelingen des Übens kann die Hand seitlich an den Oberschenkel gelegt werden und sich einfühlen. Der Oberarm bleibt dabei am Boden.)

— Das Becken hebt sich in keiner Weise dabei vom Boden ab. Die Fußsohle an der Außenseite hebt sich etwas vom Boden ab, im Sinne von „gelüftet werden", bleibt aber über den kleinen Abstand in Fühlkontakt mit dem Boden.

— Spüren, wie die Fußsohle irgendwann auf der Linie von der Ferse zur Großzehe angekommen ist — die Fußsohleninnenkante in Beziehung zum Boden — die übrige Fußfläche im Spürkontakt zum Boden.

— Auf dieselbe fühlsame Weise fühlt sich die Fußsohle dann in die Ausgangsstellung zurück.

Beobachtungsphase

Bleiben Sie mit Ihrer Einstellung aufmerksam bei der Fußsohle. Warten und beobachten Sie, was sich mehr auf der Innenseite der Fußfläche bemerkbar macht. Vergleichen Sie mit der noch nicht geübten Seite der Fußsohle.

Übungsanweisung / Fortsetzung

- Das Fühlen der Fußsohle geht nun nach der Außenseite der Sohle, d.h. es verlagert sich immer mehr und spürsam (feine Gradeinteilung!) in Richtung Fußpunkt der Ferse und Fußpunkt unter dem 4. Zehengrundgelenk. Die Fußsohle führt die Bewegung an auf die Außenkante des Fußes hin.
- Das ganze Bein reagiert mit einer nach außen hin geneigten Bewegung. Ihre Hand kann helfend am Oberschenkel eingefühlt sein. Beobachten Sie, wie evtl. die Zehenknochen spielend aufeinander zu liegen kommen!
- In dieser Bewegung warten — beobachten — wahrnehmen, was geschieht.
- Dann fühlt sich die Fußsohle wieder in die Ausgangsstellung zurück.
- (Falls Sie den Wunsch verspüren, könnten Sie diese Fühlbewegung nach beiden Seiten der Fußsohle hin wiederholen.) Dann brauchen Sie eine Pause, in der Sie warten und beobachten.
- Von der Großzehe angeführt schleift die Fußsohle zurück, und das Bein kommt wieder in die ausgestreckte Lage. Beim Ausschleifen bleibt die Sohle flächig auf dem Boden, besonders die Fußinnenkante und die Zehen beachten. Wenn sich die Sohle langsam vom Boden löst, behält sie weiterhin Fühlkontakt zum Boden. Das ist am besten zu erreichen, wenn die Großzehe und die anderen Zehen leicht gebeugt bleiben. Wenn das Bein und die Ferse angekommen sind, nimmt die Sohle gleich Kontakt auf zur gegenüberliegenden Wand.

Beobachtungsphase

Warten — beobachten — vergleichen. Wo wirkt diese Fußsohlenübung hin? Was macht sich im gesamten Körper bemerkbar?
Vielleicht will die Ferse etwas wandwärts vorschieben. Nach dem Lassen wieder eine Pause machen, in der Sie warten und vergleichen. Dann dehnen und strecken Sie sich von Kopf zu Fuß über alle Gelenke hin gut durch und kommen nach einer Weile zum Stehen. Im Stand vergleichen Sie beide Fußsohlen in ihrer Befindlichkeit und Qualität zum Boden hin. Vergleichen Sie Ihre beiden Seiten und Ihr Stehvermögen auf der geübten und ungeübten Seite. Beobachten Sie die geübte Fußsohle, wenn Sie einige Schritte vorwärts oder rückwärts gehen.

Übungsanweisung / Fortsetzung

— Wenn Sie im Stehen und Gehen genügend beobachtet haben, üben Sie in der Rückenlage die zweite Fußsohle nach der vorigen Anweisung.
— Beenden Sie die Übung in einer Weise, die Ihnen augenblicklich gemäß erscheint: die Fußsohlen freundlich in die Hände nehmen — auf den Füßen stehen — mit „neuen" Fußsohlen gehen.

Übung 8: Oberschenkel und das Kreuzbein fühlen sich durch das Eschenholz

Vorbereitende Übungsphase

Bereiten Sie sich in der Rückenlage so aufs Üben vor, daß ein Eschenrundholz unter den Oberschenkeln und nahe am Becken liegt. Beide Fersen sollten sich möglichst berühren, d.h. die Füße driften nicht auseinander. Zunächst könnten Sie noch Bälle/Holzkugeln in den Händen halten — oder, falls Sie sehr lange Arme haben, fassen die Hände seitlich so am Holz an, daß die Kleinfingerzonen im Bodenkontakt bleiben.

— Nehmen Sie Ihre Lagerung im ganzen wahr. Das Holz unter den Oberschenkeln verändert die Kontaktmöglichkeiten für Rücken-, Becken- und Beinbereich.
— Der Beckenbereich fühlt sich zum Boden hin. Sie nehmen wahr, wie jetzt, durch das untergelegte Eschenholz, die Kontakte zum Boden anders möglich sind als ohne dieses Holz. Es kann sein, daß auch das Lendengebiet schon im Kontakt zum Boden spürbar ist.
— Gehen Sie gleich im Beckenbereich nach innen und stellen sich auf das Kreuzbein ein. Das Kreuzbein in seiner Schalenform, oben breit und sich nach unten verjüngend, fühlt sich durch die Haut und die Kleidung schräg nach vorne — bodenwärts — holzwärts — fußwärts. Beobachten Sie, wie und wie weit dies geschehen kann.
— Dann können sich beide Oberschenkel gleichzeitig schräg durch das Holz fühlen — schräg durch das Holz, bodenwärts — fußwärts. Lassen Sie sich Zeit dazu,
— und während sich die Oberschenkel noch durchfühlen, erspüren Sie die weitere Situation für die Beine: die anschließenden Oberschenkelbereiche, die keinen Kontakt mehr zum Holz haben, Kniekehlen und Unterschenkel fühlen sich ebenfalls bodenwärts, fußwärts.
— Erkennen Sie beide Fersen in ihrer Auflage auf dem Boden und erspüren Sie die mit ihnen verbundenen Fußgelenkbereiche. Fersen und Fußgelenkbereiche fühlen sich im Kontakt zum Strumpf. (Sie können im weiteren die Füße beide gleichzeitig oder einzeln übend ansprechen.)
— Von den Fersen her die Fußsohlen im Kontakt zum Strumpf fühlen — bis zu den rückwärtigen Zehen hin.
— Vom Fußgelenkbereich kommen Sie zu den Fußrücken — von dort her bedenken Sie die inneren und äußeren Fußkanten mit — und kommen so spürsam zu den Großzehen und zu den Kleinzehen.
— Stellen Sie sich spürend auf die 2. und 3. Zehen ein, erkennen ihre Gestalt und Ausrichtung, bei den 4. und 5. Zehen ebenfalls. Der Zehenfächer bei jedem Fuß kann mit allen Zehen erkannt werden — die Zehenzwischenräume lassen sich erspüren. (Evtl. einmal die Zehen spürsam bewegen!)

— Die Oberschenkel fühlen sich evtl. noch weiter durchs Holz — wenn Sie sich jetzt noch einmal dem Kreuzbein zuwenden, seine Gestalt und Lage erkennen — und von der oberen breiten Kreuzbeinkante (Deckplatte) zu der Bandscheibe kommen, die zwischen dem Kreuzbein und dem 5. Lendenwirbel gelagert ist. Gehen Sie mit Ihrem Bewußtsein um die Bandscheibe herum, auch wenn sie defekt oder nicht mehr vorhanden wäre. Ebenso gehen Sie mit bewußter Aufmerksamkeit um den 5. Lendenwirbel herum, der sich nach oben an die Bandscheibe anschließt. Um den runden Wirbelkörper herumgehen — und bedenken, daß der Dornfortsatz in Richtung Kreuzbein zeigt.

Beobachtungsphase

Nehmen Sie sich noch einmal im ganzen wahr — und schieben dann das Holz seitlich heraus — ruhen in diesen neuen Kontakten nach — und bleiben aufmerksam bei sich. Dann dehnen Sie sich und machen eine kurze Pause.

Übungsanweisung / Phase 2

— Legen Sie das Holz zunächst nochmals unter die Oberschenkel, nahe an den Beckenbereich heran. Wenden Sie sich dann mit Ihrer Aufmerksamkeit einem Sitzbeinhöcker zu. Der Sitzbeinhöcker kann sich von seiner Kante her vorfühlen, ein wenig schräg — bodenwärts, holzwärts. Beobachten Sie die Wirkung auf der dazugehörigen Rückenseite — und rufen freundlich wieder das Kreuzbein, die Bandscheibe und den 5. Lendenwirbel in Erinnerung. Dann üben Sie in gleicher Weise den anderen Sitzbeinhöcker. Er kann sich wie der erste bodenwärts, holzwärts vorfühlen. Das Kreuzbein ist auch da, Bandscheibe und 5. Lendenwirbel.
— Dann holen Sie das Holz ein Stück weiter nach oben, d.h. zum unteren Ende des Kreuzbeines, in Steißbeinnähe. (Das Steißbein zeigt in dieser Lagerung in den Bauch-Becken-Raum und kann das Holz nicht spüren.) Wenn das Holz rutschen sollte, halten Sie es mit beiden Händen seitlich fest.

- Stellen Sie nun beide Füße auf. Die Fußsohlen spüren sich bodenwärts — und fühlen sich (evtl. mit Hilfe der drei Fußpunkte) in den Boden ein.
- Nun mit guter Einstellung beim Kreuzbein sein. Es fühlt sich in seiner Schalenform schräg durch das Holz bodenwärts. Auch die Beckenknochen seitlich vom Kreuzbein sind mit dabei — und fühlen sich mit durch das Holz. Sich Zeit lassen dazu und spüren, wie es gehen kann. Es dann so belassen — und das Holz noch 1—2mal etwas nach oben schieben, d.h. bis zum oberen Kreuzbeinrand (auf keinen Fall ins Lendengebiet!). In der jeweils neuen Lage fühlen sich Kreuzbein und Beckenknochen schräg durch das Holz — bodenwärts. Die Füße bleiben gut eingefühlt.
- Zwischendurch erinnern Sie sich noch einmal an die Sitzbeinhöcker. Wohin schauen Sie jetzt? Wohin geht ihre Richtung?
- Dann lassen Sie ein Knie (und das Bein) einfach brustwärts kommen, so daß es sich wie auf dem Oberkörper ausruhen könnte. Falls es schwierig wird, umgreifen Sie mit einer Hand das Kniegelenk und helfen so etwas nach, damit die Hemmung im Hüftgelenk nachläßt. Die Ferse und Fußsohle fühlen den Kontakt zum Strumpf — und zu einer Wand. Sollte die Fußsohle noch bodenwärts gerichtet sein (Lendenschwäche), können die Zehen helfen, die Fußsohle in die Senkrechte aufzurichten.
- Dann lassen Sie das andere Knie und Bein herankommen — und helfen sich so mit der Hand, wie es Ihnen gemäß ist.
- Das Kreuzbein und die Beckenknochen fühlen sich weiter durch das Holz — schräg bodenwärts, fußwärts. Bleiben Sie mit aufs Kreuzbein eingestellt, auch wenn Sie jetzt
- die Hinterkopfschale scheitelwärts einfühlen können. Zwischen der Kopfschale und der Kreuzbeinschale befinden sich die Wirbel, der Wirbelstamm. Gehen Sie mit Ihrer Aufmerksamkeit freundlich daran entlang: Entweder zwischen den Dornfortsätzen und der Rückenhaut — oder einfach an den Wirbeln beidseitig entlang: im Halsraum — 7 Halswirbel; im oberen Rückenbereich — 12 Brustwirbel; im unteren Rückenbereich — 5 Lendenwirbel. Alle Wirbel können sich bodenwärts orientieren, sich durch Haut und Kleidung, auch über Abstände hinweg bodenwärts spüren.

- Stellen Sie sich jetzt auf einen Versuch ein: Schicken Sie einen lautlosen oder stimmhaften Ton durch das Kreuzbein (A oder O oder U)
- oder schicken Sie diesen Ton durch die Fersenräume oder sprechen Sie ein (freundliches) Wort dorthin und beobachten die körperliche u.a. Wirkung. Lassen Sie sich Zeit dazu.
- Dann richten Sie Ihre Aufmerksamkeit auf eine Fußsohle. Die Fußsohle orientiert sich bodenwärts — dann sucht und findet sie den Boden — und fühlt sich ein. (Nicht einfach das Bein abstellen!) Eine Hand umfaßt noch (evtl.) das andere Bein.
- Die andere Fußsohle stellt sich auf die Bewegung und auf den Boden ein. Sie kommt ebenfalls fühlsam bodenwärts — und fühlt sich dann in den Boden ein. Beide Füße ruhen auf dem Boden.
- Schieben Sie nach einem kurzen Verweilen das Holz seitlich heraus — und spüren den neuen Bodenkontakt für die gesamte Rücken- und Beckenfläche. Vorübergehend in diesem Kontakt ruhen —
- und dann die Füße/Fußsohlen so auf dem Boden zueinander stellen, daß sich die inneren Fußkanten berühren.
- Beide Fußsohlen gleiten nun miteinander — von den leicht gebeugten Großzehen geführt — über den Boden und schleifen die Beine in die ausgestreckte Lage. Das Kreuzbein schaut den Füßen nach. Die Sohlen gleiten. Auch beim letzten Stück des Ausschleifens bleiben die Sohlen fühlmäßig im Bodenkontakt. Nachdem die Beine und Fersen auf dem Boden angekommen sind, die Fußsohlen wandwärts schauen — und Sie dieses beobachtet und wahrgenommen haben — können sich die Fersen einzeln oder gemeinsam über den Boden wandwärts dehnen.

Beobachtungsphase

Beobachten Sie im Nachruhen Ihre Kontaktmöglichkeiten von Kopf zu Fuß. Schenken Sie viel Aufmerksamkeit dem Rücken mit dem Lendengebiet, evtl. auch den Oberschenkeln. Lassen Sie Ihre Erfahrungen nachschwingen — und ausklingen, bevor Sie die Übung im Dehnen beenden — oder auch in Bauch- oder Seitenlage nochmals nachruhen.

Übung 9: In Bauchlage fühlen sich die Sprunggelenkbereiche durch das Eschenholz

Vorbereitende Übungsphase

Richten Sie sich in der Bauchlage so ein, daß die Sprunggelenkbereiche beider Füße (Übergang vom Unterschenkel zum Fußrücken) auf ein Eschenrundholz zu liegen kommen. Die Beine liegen parallel, die Füße können sich fast berühren. Die Arme lagern seitlich am Rumpf entlang, die Hände und Finger umgreifen die Bälle. Die Kopfseite, bei der es Ihnen am leichtesten fällt, ruht auf dem Boden — ohne Unterstützung durch ein Kissen o.ä. Falls diese Kopflagerung während des Übens schmerzhaft unerträglich werden sollte, können Sie in ruhiger Bewegung die andere Kopfseite bodenwärts lagern und einbetten.

Übungsanweisung

— Nehmen Sie Ihren Kontakt bodenwärts zu Beginn großzügig von Kopf zu Fuß wahr — auch mit der Veränderung, daß die Unterschenkel wegen des Eschenholzes sich über Abstände hinweg bodenwärts orientieren und spüren können.

— Spüren Sie, wie der Unterbauchbereich, unterhalb des Nabels leistenwärts, Kontakt zum Boden findet.

— Sie sind damit beim vorderen Beckenbereich — und können sich auf eine Übersicht für die Beckenknochen einstellen, die innen gelagert sind. Finden Sie zunächst den Zugang zum Kreuzbein. Erkennen Sie es in Form und Volumen. Seine Außenseite zeigt zur rückwärtigen Beckenhaut, die Innenseite schaut durch den Bauchraum bodenwärts, das stumpfe Ende zeigt fuß- und wandwärts.

— Neben dem Kreuzbein befinden sich beidseitig die Beckenschalen (Darmbeine), die Darmbeindorne könnten Sie evtl. beidseitig auf dem Boden spüren. Unterhalb von beiden Darmbeindornen orientieren Sie sich zu den Hüftgelenkpfannen. Damit sind Sie wieder beim Leistenbereich. (Die Hüftgelenke befinden sich im inneren Leistenbereich seitlich/außen.) Die Sitzbeinhöcker schauen wandwärts.

— Falls Sie Knochen in den Bein- und Fußräumen erinnern und erkennen, lassen Sie dies einfach zu und nehmen es an,
— wenden sich dann aber von einem Leistenbereich her einem Oberschenkel zu und spüren, wie er Kontakt findet zum Boden, kniewärts. Das Knie fühlt sich zum Boden, vielleicht in den Boden ein.
— Erkennen Sie den anschließenden Unterschenkel — wie er von der Vorderseite her Kontakt spürt zur Kleidung — und über die Kleidung und den Abstand hinweg sich boden- und holzwärts vorfühlen kann.
— Im Fühlen kommen Sie dann zu dem Fußbereich, der auf dem Holz liegt. Dieser Gelenkbereich kann sich schräg durch das Holz fühlen — schräg durch das Holz bodenwärts, fußzehenwärts, damit sich im Fuß nichts staut. Sie beobachten, wie es geschehen kann.
— Der Fuß im Gelenkbereich fühlt sich immer noch durch — auch wenn Sie jetzt die Ferse und Fußsohle im Kontakt zum Strumpf fühlen — und die Zehenkuppen durch den Strumpf bodenwärts. (Bei großen Füßen kommen die Zehen evtl. am Boden an. Diesen Kontakt einfach wahrnehmen.)

Beobachtungsphase

Wenn der Fußgelenkbereich sich durch das Holz bodenwärts durchgefühlt hat, nehmen Sie zunächst das dazugehörige Bein im ganzen wahr — vergleichen dann das geübte mit dem nichtgeübten Bein. Gibt es Unterschiede? Wenn, welcher Art? Oder hat das zweite Bein irgendwie mitgeübt? Dann beobachten Sie die Körperseite, die zu dem übenden Bein gehört, von der Schulter her. Hat sich tonisierend etwas nach oben mitgeteilt? Wie macht sich dies evtl. bemerkbar?

Übungsanweisung / Fortsetzung

— Dann kann sich der Kopf seitlich gut einbetten. Vielleicht mögen Sie ihn vorher noch behutsam auf die andere Seite bewegen.
— Den Kontakt von beiden Schultern her bodenwärts, von Brustbereich, Oberbauch mit dem Anschluß an den Unterbauch nehmen Sie fühlsam wahr, ebenso die beiden Arme neben dem Rumpf, so,

wie sie Kontakt zum Boden finden können, die Hände und Finger im Kontakt zum Boden und den Bällen.

— Das 2. Bein und der Fußgelenkbereich lassen sich entsprechend der Übungsanweisung für das 1. Bein üben. Erinnerung an das Kreuzbein im Beckenbereich! Lassen Sie sich Zeit — und beobachten immer wieder erneut, wie das 2. Bein reagiert. Der Fußgelenkbereich des 2. Beines fühlt sich ebenso durch das Holz wie beim 1. Bein.

Beobachtungsphase

Wenn beide Beine im Fußgelenkbereich gleichmäßig durchgefühlt sind, beobachten Sie sich im ganzen — und vergleichen Bein zu Bein auf Ähnlichkeiten und Unterschiede. Dann schieben Sie das Holz nach unten heraus — und nehmen die neuen Kontakte für die Beine, Fußgelenke, Fußrücken und Zehen wahr. Von Kopf zu Fuß ganz bei sich sein. Dehnen und bewegen Sie sich mit Kreuzbein- und Fußbewußtsein — und ruhen nach in der Rücken- oder Seitenlage.

(Diese Übung läßt sich erweitern, indem Sie das Holz, nachdem beide Fußgelenkbereiche durchgefühlt sind und Sie beobachtet haben, unter die Fußrücken schieben. Dieser Bereich der Füße fühlt sich dann ebenfalls schräg durch das Holz bodenwärts. Beobachten Sie anschließend die Wirkung auf die Füße und den gesamten Körperbereich.)

Übung 10: In Bauchlage ‚zeichnen' die Fußsohlen an der Wand hoch

Vorbereitende Übungsphase

Richten Sie sich in der Bauchlage ein. — Die Beine liegen parallel nebeneinander, ebenso liegen die Füße in gerader Verlängerung der Beine parallel nebeneinander. Die Großzehen sind richtungsanweisend für die gelagerten Beine und Füße. Dadurch werden die Fersen aufgerichtet. Hände und Finger umfassen die Bälle oder Holzkugeln.

Übungsanweisung

— Sich im ganzen überblickartig von Kopf zu Fuß wahrnehmen. Wie empfinden Sie sich jetzt zu Beginn des Übens?
— Richten Sie dann Ihre Aufmerksamkeit auf den Unterbauch hin (Bereich unterhalb des Nabels) — und nehmen wahr, wie er sich zum Boden hinspüren kann — und kommen im Spüren zu beiden Leistengebieten, den Übergängen vom Rumpf zu den Beinen. Die Leisten fühlen sich über die Kleidung zum Boden — auch über einen evtl. Abstand hinweg.
— Stellen Sie sich, auch in dieser Lagerung, zunächst auf das Kreuzbein ein. Es liegt jetzt für Sie oben — zwischen den Beckenknochen. Vielleicht möchten Sie vorübergehend eine Hand aufs Kreuzbein legen, damit Sie es danach besser im Bewußtsein behalten können. Das Kreuzbein, gelenkig verbunden mit den beiden Beckenschalen, schaut jetzt mit der Innenseite nach unten durch den Bauch-Becken-Raum — bodenwärts. Versuchen Sie diesen Abstand und Weg zum Boden (für das Kreuzbein) in Ihrer Vorstellung zu er-messen.
— Das Kreuzbein ist also da, auch wenn Sie nun wieder zum Unterbauch- und Leistengebiet kommen — und über einen Leistenbereich den Übergang finden zu einem Oberschenkel.
— Oberschenkel und Knie fühlen sich bodenwärts, ebenso fühlt sich der Unterschenkel in Richtung Fußgelenkbereich bodenwärts.
— Spüren Sie, wie der Fußgelenkbereich sich über den Strumpf zum Boden hin orientiert und Kontakt findet, auch über einen evtl. Abstand hinweg. Den anschließenden Fußrücken mit seinen Kontaktbereichen auf dem Boden wahrnehmen — und zu den Zehen kommen. Der ganze Zehenfächer ist angesprochen. Beachten Sie vor allem die Großzehe — wie sie sich mit dem Nagelgebiet ablegen kann. (Die Großzehe hat etwas mit der Kopf- und Halssituation gemeinsam.)
— Dann sprechen Sie die Fußsohle in ihrer ganzen Breite an — von der Ferse bis zu den rückwärtigen Zehen hin. Die Fußsohle, aus Haut bestehend (klar!), fühlt sich zum Strumpf. Mit der Fußsohle spüren, ob dieser sich weich oder warm, rauh oder sonstwie anfühlt.

Beobachtungsphase

Jetzt das Bein im ganzen spüren — vom Unterbauch- und Leistengebiet bis zur Fußsohle hin. Gibt es Unterschiede im Vergleich zum anderen Bein?

Übungsanweisung / Fortsetzung

— Sie nehmen das noch nicht geübte Bein überblickartig wahr. Es ist da — aber Sie bleiben übend beim ersten.
— Nachdem sich die Sohle zum Strumpf gefühlt hat, fühlt sie sich weiter vor — über den Strumpf hinaus und am Boden entlang zu einer gegenüberliegenden Wand (real oder vorgestellt, in angemessener Entfernung). Achten Sie darauf, daß die Ferse einen etwas weiteren Spürweg als die übrige Fußsohle hat.
— Wenn Sie es bei sich klar im Gespür haben, daß die Fußsohle Kontakt zur Wand aufnehmen konnte, beginnt die Fußsohle an der Wand eine Bewegung. Sie ‚zeichnet', unten am Boden beginnend und in der Haltung, in der sie sich vorfühlte, an der Wand hoch — wie in Sohlenbreite — und weiter an der Raumdecke entlang, bis der Unterschenkel in einer Senkrechten angekommen ist — und die Sohlenfläche in waagerechter Haltung zur Raumdecke zeigt.
— Schauen Sie selbst — in ruhiger Bewegung — prüfend hin, ob der Unterschenkel senkrecht oder anderswie angekommen ist — und korrigieren Sie eventuell.
— Falls der Oberschenkel schmerzt oder nicht nachgibt, könnten Sie das Leistengebiet nochmals zum Boden spüren — und auch das Knie wandwärts über sich hinausspüren lassen.
— Dann fühlt und zeichnet die Sohle wieder den umgekehrten Weg. Bleiben Sie gut eingestellt — von der Fußsohle her — auf die Raumdecke, auf die Wand — bis der Unterschenkel, der Fußgelenkbereich, Fußrücken und Zehen wieder ganz am Boden angekommen sind. Falls Sie das Bedürfnis haben, lassen Sie die Großzehe etwas nach rückwärts dehnen.

Beobachtungsphase

Nehmen Sie sich im Bein — und in der dazugehörigen Seite wahr. Beobachten Sie auch vergleichend mit der anderen Seite. Hat das Kreuzbein irgendwie reagiert?

Übungsanweisung / Fortsetzung

— Nochmals wahrnehmen, wie der Unterbauch im Kontakt zum Boden da sein kann — und sich dann über das andere Leistengebiet dem anderen Bein zuwenden.
— Für das nun folgende Kontaktspüren gilt die gleiche Übungsanweisung wie beim erstgeübten Bein.
— Wenn die Fußsohle sich wach zum Strumpf — und dann zur Wand vorgefühlt hat, könnten Sie für den Ihnen schon bekannten Bewegungsablauf für das 2. Bein ein inneres Bewegungsbild entwickeln — und dabei geduldig und klar mit sich umgehen. Das Bein und die Bewegung werden dadurch vortonisiert. Die folgende Bewegung geschieht müheloser.[10]
— Wenn das innere Bewegungsbild klar ist, beginnt die vorgefühlte Fußsohle das ‚Zeichnen' an der Wand hoch — (Sie könnten sich auch einen gerundeten Übergang von der Wand zur Raumdecke vorstellen!) an der Raumdecke entlang — bis der Unterschenkel in der Senkrechten angekommen ist — und die Fußsohle waagerecht zur Raumdecke schaut. (Nicht die Zehen zur Decke strecken!) Mit ruhiger Bewegung ist es möglich, sich selbst diesbezüglich zu ‚kontrollieren'.
— Erinnerung an das Leistengebiet und das Knie, falls Ein- oder Vorfühlen notwendig werden. Der Unterbauch bleibt gut im Kontakt zum Boden.
— Dann zeichnet die Fußsohle in umgekehrter Richtung. Unterschenkel, Fußgelenk, Fußrücken und die Zehen finden neuen Kontakt zum Boden.

[10] Vgl. B. Brandt, Sitzen — Schweigen — Hören, S. 65.

Beobachtungsphase

Spüren Sie, wie das Bein und der Fuß angekommen sind. Vielleicht brauchen Sie wieder eine feine Dehnbewegung von der Großzehe her — dann wieder erneut beobachten. Das Ganze nachschwingen lassen — und sich nach dem Kreuzbein befragen. Wie spüren Sie sich im Kreuzbeinbereich? Haben Sie eine mehr oder weniger klare Vorstellung vom Kreuzbein — ein Gespür für seine Gestalt/Form, Beweglichkeit und Lagerung jetzt?
Wie nehmen Sie Ihren Kopf — den seitlichen Hals — Oberbauch — Unterbauch wahr? Haben Sie Gespür für Ihre Arme, Oberarme, Unterarme, die Hände mit den Bällen oder Holzkugeln?
Sie könnten spielerisch ausprobieren, wie es Ihnen *mit* und *ohne* Bälle geht — was Sie für Ihre Rückenseite *mit* und *ohne* Bälle in den Händen wahrnehmen.

Abschlußphase

Wenn Sie genügend mit den Bällen ausprobiert und beobachtet haben, wenden Sie sich einfach in die Rückenlage — und ordnen sich neu. Schauen Sie nochmals mit Ihrem inneren Auge vom Beckenbereich zu den Fersen und Füßen — vom Kopf zum Kreuzbein-Beckenbereich und wieder zu den Füßen. Lassen Sie die Übung und Ihre Erfahrung nachschwingen. Beenden Sie das Üben im Dehnen und Räkeln.

Mögliche Abschlußvariante

Statt bei dieser Übung die Fußsohle wieder abwärts zeichnen zu lassen, ist es auch möglich, den Unterschenkel einfach ‚fallen' zu lassen und dann die Wirkung zu beobachten. Das Hochzeichnen und anschließende Fallenlassen des Unterschenkels (Nicht ein Ablegen oder Hinwerfen ist gemeint!) kann in der Übung wiederholt werden.

Übung 11: In der Bauchlage führen Großzehe und Fußsohle das gegradete Bein seitlich in eine Bewegung

Hinweis zum Übungsablauf

Das ‚gestreckte', d.h. gerade gelagerte Bein (Oberschenkel, Unterschenkel, Fuß mit Fußsohle und Zehen) wird mit Knochenbewußtsein von der vorgefühlten Fußsohle und Großzehe an der Wand, zu der die Zehen hinschauen, seitlich nach außen geführt. Diese Kontaktwand können Sie sich gerundet vorstellen, damit der Bewegungsablauf sich logisch vollziehen kann.

Vorbereitende Übungsphase

Richten Sie sich in der Bauchlage so zum Üben ein, daß beide Beine parallel und die Füße nebeneinander liegen. Also schauen die Fersen aufwärts. Die Arme ruhen seitlich am Rumpf entlang, nicht zu weit davon entfernt. Die Hände und Finger umfassen Bälle oder Holzkugeln. Der Kopf legt sich seitlich ab (in Bauchlage keine Unterstützung — Kissen o.ä. — unter dem Kopf benutzen).

Übungsanweisung

— Spüren Sie Ihren Bodenkontakt im ganzen vom Kopf zu den Füßen hin. Achten Sie darauf, wie unterschiedlich sich Kontakte fühlbar machen können.
— Nehmen Sie dann den Kontakt vom Unterbauch zum Boden hin wahr — ebenso in beiden Leistenbereichen.
— Suchen Sie zunächst jetzt einmal das Kreuzbein auf — vielleicht mögen Sie vorübergehend eine Handfläche/Handrücken darauf legen — und erkennen und spüren, wie es gelagert ist. Haben Sie ein Gespür für seine Form, sein Volumen?
— Dann wenden Sie sich einem Leistengebiet zu — und gehen von dort aus weiter am Oberschenkel entlang in Richtung Knie und spüren, wie er bodenwärts Kontakt findet. Knie und Unterschenkel schließen sich im Kontaktfinden an, ebenso kann der Fußrücken sich im Bodenkontakt einfinden.

- Spüren Sie nochmals gut den Fußrücken jetzt mit der anschließenden Großzehe zum Boden hin. Das Nagelgebiet der Großzehe fühlt sich zum Boden, kann sich auf dem Boden ausbreiten. Auch alle anderen Zehen spüren sich zum Boden, die 2. und 3., die 4. und 5. Zehe.
- Die Ferse schaut mit ihrer Rückseite zimmerdeckenwärts. Erspüren Sie die Situation für die Ferse, ihre Kontakte zum Strumpf — und gehen von der Fersensohle bis zu den rückwärtigen Zehen an der Sohlenfläche entlang. Die Sohle spürt und findet Kontakt zum Strumpf.
- Indem Sie das Bein so belassen, wenden Sie sich nochmals dem Kreuzbein zu — und nehmen von dort her Einsicht in den Becken- und Beinraum: das Kreuzbein mit dem Steißbein ist da — daran schließt sich seitlich die Beckenschaufel mit der Hüftgelenkpfanne an. Vom Hüftgelenkkopf her nach seitlich beinwärts geht es am Oberschenkelhals entlang zum Trochanter (Rollhügel) — und in den Beinraum. Der Oberschenkelknochen im Oberschenkelraum, das Kniegelenk, Schienbein und Wadenbein im Unterschenkelraum, Fußgelenkknochen im Fußgelenkraum, das Fersenbein im Fersenraum, die 5 Mittelfußknochen im Fußraum, 2 Zehenknochen im Raum der Großzehe, 3 Zehenknochen in allen anderen Zehen.
- Nun können sich die Enden der 5 Zehenendglieder gemeinsam durch die Haut und den Strumpf — und weiter am Boden entlang zur (vorgestellten) Wand vorfühlen. Lassen Sie sich Zeit dazu — und achten besonders auf die Großzehe.
- Dann kann sich auch die Fußsohle mit Hilfe der Fußknochen zur Wand vorfühlen. Beachten Sie dabei, daß die Fußsohle konkav wie in einem Bogen zur Wand schaut, d.h. der Weg von der Ferse zur Wand ist länger als der von der Großzehe zur Wand.
- Das andere Bein ist selbstverständlich auch da und dabei. Auch der 2. Fuß kann sich von den Zehen und der Fußsohle her vorfühlen zu der Wand — im gleichen Abstand. Sich Zeit lassen — und die Einstellung wachrufen, daß dieses Bein anschließend intensiv üben wird.
- Beide Fußsohlen sind gut in den Kontakt zur Wand hingespürt — und Sie bleiben mit Ihrer Aufmerksamkeit gleichzeitig dort an der Wand, auch

— wenn Sie jetzt einen ‚Sprung' zum Kopf machen. (Da sein von Kopf zu Fuß!) Die seitliche Kopfhaut kann sich gut zum Boden spüren und dem Kopf helfen, sich in den Boden einzubetten. Sie nehmen weiterhin wahr im Kontakt zum Boden den seitlichen Hals, die Schultern, den gesamten Oberkörperbereich und die Arme seitlich am Rumpf.

Beobachtungsphase

Beobachten Sie nun die gesamte Lagerung des Körpers — und nehmen Sie sich wahr in den Kontakten und im Innesein in sich. Überprüfen Sie nochmals Ihre Einstellung für das Kreuzbein — und den Kontakt beider Fußsohlen zur Wand.

Übungsanweisung / Fortsetzung

— Stellen Sie sich nun darauf ein, daß die Großzehe und die Fußsohle das übende Bein nach seitlich außen über den Boden schleifen wird. Die Großzehe vor allem führt die Bewegung an. Die Kontaktwand verläuft in einer vorgestellten Rundung.

— Nachdem die Einstellung und die Bewegungsvorstellung in Ihnen lebendig da sind, beginnen Großzehe und Fußsohle tatsächlich mit der Bewegungsführung, wobei sie ständig vorgefühlt an der Wand bleiben.
Die Bewegung kann durch Pausen erleichtert werden. Warten Sie zwischendurch und lassen das Bein ruhen. Prüfen Sie nach, ob der Kontakt zur Wand noch wach da sein kann (gehen evtl. zurück zu dem Punkt, wo der Kontakt noch vorhanden war!).
Prüfen Sie nach, ob das Kreuzbein noch mit dabei sein kann. Das stumpfe Ende des Kreuzbeines schaut auch wandwärts.
Das Bein und der Leistenbereich bleiben während des Schleifens im Bodenkontakt. Nichts mit dem Oberschenkel ‚machen'. Der Oberschenkel wird nur mitgenommen und hat keine Dirigentenaufgabe.
Auch das ruhende Bein ruht wirklich und macht nichts, es hält nur Kontakt aufrecht zum Boden — und von der Fußsohle zur Wand hin.

- Wenn das mögliche und erträgliche Maß in der seitlichen Bewegung erreicht ist, warten — und beobachten. Sich in dieser Lagerung wahrnehmen.
- Dann führen die Großzehe und die Fußsohle das Bein wieder in die Ausgangslage zurück, parallel neben das andere Bein.
  Das Rückführen ist meist schwieriger. Sie brauchen dazu das Knochenbewußtsein im Beinraum, vor allem die Ferse im Bewußtsein — und den Kontakt zur gerundeten Wand — ebenso auch Zeit und Geduld. In der Bewegung sind wieder hilfreiche Pausen möglich.

Beobachtungsphase

Wenn Sie mit dem Bein in der Ausgangslage angekommen sind (Eigenkontrolle von Bein zu Bein ist möglich!), verweilen Sie ruhig, warten und beobachten. Vergleichen Sie beide Beine — Ihr Befinden in beiden Körperseiten. Vielleicht will die Großzehe im Vorfühlen noch etwas wandwärts dehnen — und lassen. Sich in der Ganzheit fühlen.
Bewegen Sie sich dann mit viel Bodenkontakt in die Rückenlage — ordnen sich wieder — und beobachten erneut. Wie mit einem inneren Auge sich innerlich anschauen, Einsicht nehmen nach innen.
Dann genügend nachruhen — und sich auf das Üben des anderen Beines einstellen.

Übungsanweisung / Fortsetzung

Die zweite Beinseite üben Sie entsprechend der vorangegangenen Anweisung. Beginnen Sie mit dem Kontaktnehmen beim Unterbauch- und Leistengebiet — gehen bein- und fußwärts weiter. Das Knochenbewußtsein im Becken- und Beinraum wachrufen — von den Zehen und der Fußsohle über sich hinaus zur Wand vorfühlen — und nach der Bewegungsvorstellung in die seitliche Bewegung kommen, die in der Ausgangslage den Abschluß findet.
Nachruhen — beobachten — wahrnehmen. Das Üben beenden, das Erübte bewahren.

Übung 12: In freigewählter Lage (Rücken-, Bauch- oder Seitenlage) das Knochenbewußtsein im Schultergürtelraum, in Arm-, Hand- und Fingerräumen wachrufen

Vorbereitung zur Übung

Sehen Sie sich in einem guten Anatomiebuch die Skelettdarstellung für den Schultergürtel und die oberen Extremitäten an.

Vorbereitende Übungsphase

Wählen Sie die Lagerung, die Ihnen augenblicklich am besten entspricht. Achten Sie auf die in früheren Übungen gegebenen Hinweise für die einzelnen Lagerungen was Kopf, Arme, Beine und Füße betrifft. In Rücken- oder Bauchlage sind Bälle in den Händen anzuraten, in der Seitenlage befinden sich beide Arme vorne, Hände und Finger beinwärts, bodenwärts.

Übungsanweisung

— Beginnen Sie mit dem Kontaktspüren zum Boden hin bei der Becken- bzw. bei der Hüftauflage.
— In Bauch- oder Rückenlage spüren Sie bei dieser Übung beide Beine und Fersen gleichzeitig im Kontakt zum Boden. In der Seitenlage kontakten Sie zunächst das untere, dann das obere Bein.
— Beide Fußsohlen von der Ferse bis zu den rückwärtigen Zehen hin fühlen sich gut im Kontakt zu den Strümpfen.
— Mit wacher Einstellung für den Kontakt der Fußsohlen (und mit Kreuzbein-Bewußtsein!) werden Sie aufmerksam für die Kopfauflage. Der Hinterkopf — oder der seitliche Kopf — fühlt sich bodenwärts ein, bettet sich in den Boden. Die Augen können im Hinterkopf ruhen, damit Sie bessere Einsicht in sich selbst nehmen und im ganzen aufmerksamer in der Übung da sein können.
— Erspüren Sie beide Arme so, wie sie jetzt im Kontakt gelagert sind, auf dem Boden oder in der Seitenlage, evtl. auf dem Rumpf. Hände und Finger sind wach da im Kontakt zum Boden oder zum Körper oder/und zu den Bällen.

- Im ganzen da sein — von Kopf zu Fuß — die Lagerung im Kontakt erkennen und sich einstellen,
- daß ein Schulterraum erkannt werden kann.
- Von außen suchen Sie sich einen Zugang nach innen in einen Schulterraum, den Sie sich geräumig vorstellen können. Im vorderen Schulterraum kommen Sie zum Schlüsselbein. Das Schlüsselbein beginnt am Brustbein (Sie können den Ansatz evtl. mit einer Hand anfassen und nachspüren.) und geht nach seitlich außen zum Schultergelenk. Gehen Sie mit wacher Aufmerksamkeit in dieser Richtung am Schlüsselbein entlang.
- Wenn Sie vom Schlüsselbein her rückwärts schauen, kommen Sie zur Schulterblatthöhe im rückwärtigen Raum. Versuchen Sie nachzuempfinden, wie weit diese Entfernung und wie geräumig der Raum im Schulterbereich für Sie ist. Das Schulterblatt verjüngt sich in seiner dreieckigen Form nach unten zur Schulterblattspitze hin. Wandern Sie die Außenseite des Schulterblattes spürsam ab, von der breiten Höhe zur Schulterblattspitze hin. Sie sind dabei im Raum zwischen Schulterblatt und Rückenhaut. Wiederholen Sie diesen Spürweg. Dann kommen Sie zu der Innenseite des Schulterblattes und gehen auch daran zweimal entlang. Bei diesem Spüren sind Sie zwischen Schulterblatt und Rippenbögen.
- Sie haben das Schulterblatt, das Schlüsselbein und den Raum dazwischen erkannt — und kommen nun zum Schultergelenk im Übergangsraum von der Schulter zum Oberarm. In einer flachen Gelenkpfanne, die vom seitlichen oberen Ende des Schulterblattes geformt wird, sitzt die Oberarmkugel. Zwischen der Kapsel und dem Gelenkkopf kann es luftig und geräumig sein.
- Von der Oberarmkugel gehen Sie weiter am Schaft des Oberarmknochens entlang — im Raum des Oberarmes — kommen im Ellbogenraum zur Gelenkspalte des Ellbogengelenkes. Im Unterarmraum gehen Sie an den beiden Unterarmknochen Elle und Speiche entlang. Die Elle führt in Richtung Handaußenkante, die Speiche in Richtung Daumenballen.
- Im Handgelenkraum gibt es 7 kleine Handwurzelknochen (also ein sehr gelenkfähiger Bereich!). Von dort her gelangen Sie mit Ihrer Aufmerksamkeit in den Raum der Hand. Stellen Sie sich auf die Mittelhandknochen ein.

Der 1. führt zum Daumen. Daran schließen sich im Daumenraum 2 Knochen an, die gelenkig verbunden sind. Das Ende des letzten Knochens spürt sich durch die Haut zu etwas hin in einen Kontakt. Der 2. Mittelhandknochen führt zum Zeigefinger. Im Zeigefingerraum erkennen Sie 3 Knochen, gelenkig miteinander verbunden. Das Ende des letzten kleinen Knochens fühlt sich durch die Haut der Fingerkuppe hindurch zu etwas hin.

— Vergleichen Sie jetzt einmal diese beiden ersten Finger mit den noch nicht erarbeiteten 3 Fingern dieser Hand.
— Dann erkennen Sie den 3. Mittelfingerknochen, der zum Mittelfinger führt. Im Raum des Mittelfingers gehen Sie an den Fingerknochen entlang, bedenken die dazwischenliegenden Gelenke. Das Ende des letzten Knochens fühlt sich wieder durch die Fingerhaut nach außen, in Kontakt zu etwas.
— Den 4. Mittelhandknochen und die Knochen mit den Gelenken im Ringfingerraum in gleicher Weise erkennen und üben.
— Vom 5. Mittelhandknochen die Knochen im Kleinfingerraum ebenso üben.

Beobachtungsphase

Jetzt überblicken Sie vom Schulterraum her nochmals das Ganze: erkennen Schlüsselbein und Schulterblatt, das Schultergelenk im Schulterraum, die Armknochen im Armraum, die Hand- und Fingerknochen in ihren Räumen. Vergleichen Sie mit dem ungeübten Schulter-, Arm- und Handbereich. Nehmen Sie auch von dem geübten Bereich her Einsicht zum Beckenraum, zu den Bein- und Fußräumen hin. Wie spüren Sie Verbindung in dieser Richtung? Was läßt sich für Sie erkennen? Es kann gut sein, sich zu dehnen und zu räkeln und eine kurze Ruhepause einzulegen, bevor Sie die andere Seite üben.

Übungsanweisung / Fortsetzung

— Spüren Sie zunächst nach, ob Sie für das Üben der zweiten Seite Ihre Lagerung verändern oder ob Sie die vorige beibehalten sollen.

- Bevor Sie sich dem 2. Schulterbereich und Arm zuwenden, erwecken Sie nochmals Ihre Aufmerksamkeit für das Kreuzbein, für die Kontakte des Beckens, der Beine und Füße/Fußsohlen.
- Beginnen Sie mit dem Üben wie bei der ersten Seite, indem Sie sich einen Zugang zum Schulterraum suchen — und beachten dann die gleichen Übungsschritte, wie sie in der vorausgehenden Anleitung angegeben sind.

Beobachtungsphase

Falls Sie in der Seitenlage geübt haben, ändern Sie die Lage in die Rücken- oder Bauchlage. Beobachten Sie wieder vom Schulterraum her den geübten Arm — und vergleichen ihn mit der erstgeübten Seite. Nehmen Sie Einsicht vom Schulterraum aus in den Becken-, Bein- und Fußraum dieser Seite — und sind wach für die Verbindung von Hand zu Fuß, von Kopf zu Fuß. Nehmen Sie sich im ganzen wahr — und vergleichen Sie Ihre Körperwahrnehmung jetzt mit der zu Beginn des Übens. Dann dehnen und bewegen Sie sich, wie es Ihnen gut tut — und stellen sich auf das abschließende Üben ein.

Vom Sitzen zum Liegen als Abschlußphase

- Kommen Sie zum Sitzen auf den Boden mit ausgestreckten gegradeten Beinen. Die Fußsohlen fühlen sich zur gegenüberliegenden (realen oder vorgestellten) Wand. Die Arme finden und spüren Kontakt zum seitlichen Rumpf, die Hände kontakten leicht den Boden, die Finger schauen fußwärts.
- Dann stellen Sie sich auf die Knochen in den Arm- und Beinräumen ein — freie Beine, freie Arme. Nichts braucht festgehalten zu werden.
- Vom Kopf bis zum Kreuzbein erstreckt sich die Wirbelsäule beweglich von Wirbel zu Wirbel. Der Kopf neigt sich leicht nach vorne, während sich die Wirbelsäule — vom Kreuzbein her beginnend — sich langsam Wirbel für Wirbel zum Boden hin ablegt.
- Die Beine und Arme bewegen sich folgerichtig mit, folgen einfach dem Bewegtwerden, bleiben aber ganz frei dabei, ohne sich anzu-

spannen. Auch das Lendengebiet bleibt frei, wenn Sie sich immer weiter — Wirbel für Wirbel, bei denen die Dornfortsätze alle zum Kreuzbein hin zeigen — bodenwärts ablegen. Ganz bei sich sein, von Kopf zu Fuß — und

— ganz auf dem Boden ankommen. Nachspüren. Innen und außen sein. Da sein. Das Üben auf die Ihnen gemäße Weise beenden.

Übung 13: In Rückenlage führen die Fingerkuppen einen Arm etappenweise in die Senkrechte

Vorbereitende Einstellung

Für die folgende Übung ist es gut, wenn Sie Ihre Erfahrungen mit dem Knochenbewußtsein im Schultergürtelraum, in Arm-, Hand- und Fingerräumen erinnern. Das Knochenbewußtsein in diesen Räumen kann immer wachgerufen oder zu Hilfe genommen werden, auch wenn es jetzt nicht mehr ausdrücklich in der Übungsfolge angesagt wird.

Übungsanweisung

— Richten Sie sich in der Rückenlage (diesmal *ohne* Bälle!) ein, so wie Sie von der Kontaktübung her gewohnt sind.
— Fühlen, daß Sie im ganzen da sind — mit dem Kreuzbein- und Beckenbereich — mit den Beinen, die Sie beide gleichzeitig im Kontakt wahrnehmen, bodenwärts, fersenwärts — beide Fersen im Kontakt zum Boden — die Fußsohlen spüren die Strümpfe als nächsten Kontakt — Fußrücken und die Zehen sind auch mit dabei.
— Das Kreuzbein in seiner Schalenform und mit dem stumpfen unteren Ende — kann versuchen, sich durch die Beckenhaut und die Kleidung — und dann im leichten Winkel unterhalb des Bodens vorzufühlen — kniewärts, fußwärts. Beobachten, ob und wie dies geschehen kann.
— Mit guter Einstellung für das vorgefühlte Kreuzbein und die Fersen — sich dann dem Hinterkopf zuwenden. Er kann sich ent-

gegengesetzt der Fersen, also scheitelwärts, leicht in den Boden einfühlen.

— Der anschließende Hals- und Schulterbereich fühlt sich bodenwärts — ebenso der obere Rücken in seiner ganzen Breite — und der untere Rücken, das Lendengebiet.

— Von dort finden Sie wieder den Anschluß ans Becken mit dem Kreuzbein — und überschauen nochmals beide Beine, Fersen und Füße. Kreuzbein, Fersen und Fußsohlen sind vor allem wichtig.

— Dann nehmen Sie wahr, daß beide Arme im Kontakt zum Boden da sein können — stellen sich aber auf *einen* Arm zum Üben besonders ein.

— Vom Schultergelenk her den Oberarm mit dem Ellbogengelenk — den Unterarm mit dem Handgelenk — und die Hand mit den Fingern in den möglichen Kontakten erkennen und spüren.

— Die Kleinfingerzone mit der äußeren Handkante liegt im Bodenkontakt. Die Finger liegen einfach aufeinander, d.h. sie spreizen sich nicht.

— Die Fingerkuppen können sich dann über den Boden fußwärts, wandwärts vorfühlen — zu einer realen oder vorgestellten Wand hin.

— Die Fingerkuppen sind also zur Wand vorgefühlt (oder zumindest dorthin eingestellt!) — und beginnen *an der Wand* hochzuzeichnen. Dabei bewegt sich zunächst das Handgelenk mit, während der Unterarm noch ruht — bis auch dieser in die Bewegung mitgenommen wird und den Boden verläßt. Die Fingerkuppen zeichnen — und der Unterarm folgt, bis er in senkrechter Haltung angekommen ist. Die Fingerkuppen zeigen senkrecht zur Raumdecke, der Ellbogen ist abgewinkelt. Die Fingerkuppen führen weiter — und der Oberarm läßt sich mit in die Bewegung nehmen — bis der ganze Arm in der Senkrechten da ist. Die Fingerkuppen verweilen im Spürkontakt an der Decke — oder fühlen sich evtl. auch durch die Decke hindurch zu einer gemäßen, höher liegenden Begrenzung.

Kurze Beobachtungsphase

Schauen Sie hin und überprüfen, ob der Arm wirklich in der Senkrechten angekommen ist. (Evtl. korrigieren!) Beobachten, ob Arm-Raum da ist, ob Knochen im Raum erkennbar, vorstellbar sind. Spüren, wie lange Sie so verweilen können! Erinnerung an Kreuzbein und Fersen!

Übungsanweisung / Fortsetzung

— Der ganze Arm ist da — in der Senkrechten. Stellen Sie sich jetzt ein, mit dem Arm wieder etappenweise zum Boden zu finden.
— Die Unterseite des Oberarmes fühlt sich bodenwärts — dann legt sich der Oberarm von oben nach unten zunächst ab — bis zum Ellbogen hin. Spüren Sie, wie der Ellbogen ankommt — und wie die Fingerkuppen im Kontakt nach außen bleiben. Sie sind jetzt noch senkrecht zur Raumdecke gerichtet.
— Die Fingerkuppen führen dann weiter an der Raumdecke entlang und an der Wand herunter. Der Unterarm findet Kontakt zum Boden. Die Hand und die Fingerkuppen schauen noch schräg aufwärts zur Wand.
— Dann zeichnen die Finger weiter an der Wand herunter bodenwärts, bis die Handkante und der kleine Finger wieder im Bodenkontakt angekommen sind. Wichtig ist, daß bis zum Schluß der Kontakt von den Fingerkuppen nach außen aufrechterhalten bleibt.

Beobachtungsphase

Spüren Sie jetzt nach — und vergleichen Sie den geübten mit dem nichtgeübten Arm. Überschauen Sie auch die ganze Körperseite, die sich an den geübten Arm anschließt — von der Schulter bis zum Fuß hin — und nehmen sich dann im ganzen wahr, vom Kopf zu den Füßen hin.

Übungsanweisung / Fortsetzung

— Fühlen Sie jetzt, daß der andere Arm da ist — vom Schultergelenk über den Oberarm, Unterarm und zur Hand mit den Fingern hin.

– Dann fühlen sich die Fingerkuppen über den Boden wandwärts in die gleiche Entfernung, wie die Finger der ersten Hand.
– Erinnern Sie sich an die Arm- und Handräume, an die Knochen und Gelenke in den Armräumen.
– Während das Kreuzbein und die Fersen gut mit dabei sind, führen die Fingerkuppen wieder die etappenweise Bewegung an. Üben Sie wie beim ersten Arm.

(Wichtig ist der Fingerkontakt nach außen. Deshalb sind wache und bestimmte Fingerkuppen beim Anführen der Bewegung gefragt. Der Arm hat von sich aus nichts zu tun. Beobachten Sie, ob oder wann er sich dennoch evtl. einmischen will – und stellen sich dann noch wacher und freundlicher auf die Fingerkuppen ein.)

Abschließende Beobachtungsphase

Wenn die Fingerkuppen die Bewegung zu Ende geführt haben, beobachten Sie zunächst den jetzt geübten Arm. Wie ist er angekommen? Wie gehört er zu Ihnen? Wie ist die Verbindung vom Arm zum Rücken und zum gesamten Körper?
Nehmen Sie sich dann nochmals im Gesamtüberblick wahr: Die Kopfauflage – die Verbindung von dort über den Hals zu den Schultern. Den Schultergürtel mit beiden Armen und Händen – die Rückenauflage im ganzen – den Beckengürtel mit beiden Beinen und Füßen. Im ganzen einfach da sein.
Sich bewegen oder dehnen – oder in einer anderen Lage nachruhen. Das Üben beenden. Das Nächstliegende tun.

Übung 14: In Bauchlage führt die Fußsohle das gerade Bein in senkrechter Richtung nach oben

Als vorbereitende Übung erweist sich das „Durchfühlen der Sprunggelenkbereiche durch das Eschenholz" (Übung 9) als hilfreich oder notwendig.

Vorbereitende Übungsphase

— Wenn das Durchfühlen der Sprunggelenkbereiche und eine kurze Erholungspause vorausgegangen sind, genügt es, sich wieder in Bauchlage einzufinden und zu ordnen. Kontakte werden wieder wachgerufen, Knochen in Becken-, Bein- und Fußräumen erneut erkannt und angesprochen.

— Falls die Sprunggelenkbereiche nicht vorher durchgefühlt wurden und/oder eine Übungsvariante angezeigt ist, bleibt es notwendig, das Knochenbewußtsein in Becken-, Bein- und Fußräumen zunächst zu üben. Dazu ordnen Sie sich auf der Übungsmatte in der Bauchlage. Der Kopf bettet sich seitlich ein. Die Arme liegen seitlich am Rumpf entlang. Die Hände und Finger umgreifen Tennisbälle oder Holzkugeln. Beine und Füße liegen parallel nebeneinander.

Übungsanweisung (Siehe Abb. S. 148)

— Nach dem großzügigen Kontaktspüren vom Kopf zu den Füßen hin wenden Sie sich dem Unterbauchbereich zu. Dieser Bereich unterhalb des Nabels fühlt sich in seiner ganzen Breite zum Boden. Dann den Übergang zu beiden Leistenbereichen erkennen und spüren. Beide Leistenbereiche fühlen sich von der Haut her über die Kleidung bodenwärts.

— Beide Oberschenkel schließen sich an — und fühlen sich mit der Haut bodenwärts. Beide Knie mit den Kniescheiben — beide Unterschenkel — Fußgelenke und Fußrücken — beide Großzehen und alle anderen Zehen fühlen sich zum Boden. Die Fußsohlen von den Fersen bis zu den rückwärtigen Zehen erkennen, spüren.

— Den gesamten angesprochenen Bereich — vom Unterbauch bis zu den Zehen und Fußsohlen hin — im ganzen wahrnehmen.

— Sich dann einen Zugang zum Kreuzbein suchen. Gehen Sie an der äußeren Seite, die zur Beckenhaut zeigt, von der oberen breiten

Kante bis zum stumpfen Ende hin spürsam entlang — kommen über ein Illius-Sacral-Gelenk zu einer Beckenschale, gehen an deren Außenseite entlang — bis Sie seitlich zum Hüftgelenk kommen. Die Gelenkpfanne erkennen — und darin auch den Gelenkkopf.

Von dort her verläuft der Oberschenkelhals etwas schräg nach seitwärts zum großen Trochanter (Rollhügel).

- Sich auf den anschließenden Oberschenkelknochen im Oberschenkelraum einstellen! An ihm einfach entlang gehen — oder um ihn spiralig herum kniewärts kommen.
- Im Kniegelenkraum sich einstellen auf die Gelenkspalte als Übergang zu den beiden Unterschenkelknochen. Vor der Gelenkspalte (bodenwärts) die Kniescheibe mitbeachten.
- Nach der Gelenkspalte beginnt — fast in gleicher Breite wie der Oberschenkelknochen endet — das Schienbein.
- In der Innenseite des Unterschenkels führt der Schienbeinschaft in Richtung Fußgelenkraum — setzt dort auf dem Sprunggelenkkopf auf, endet mit dem inneren Fußknöchel. Am Schienbein entlanggehen — sich im Fußgelenkbereich orientieren.
- Der Wadenbeinkopf setzt im äußeren Unterschenkelraum am Schienbeinkopf (unterhalb des Kniegelenkes) an. Im äußeren Bereich des Unterschenkels führt der Wadenbeinschaft in Richtung Sprunggelenk — setzt dort auf dem Sprunggelenkkopf auf — und endet mit dem äußeren Fußknöchel. Am Wadenbein entlanggehen — sich im Fußgelenkbereich orientieren.
- Im Fersenraum stellen Sie sich auf das Fersenbein ein. Es kann von allen Seiten her bedacht und angespürt werden. Eventuell sich den Raum zwischen Fersenbein und Fersenhaut bewußt machen.
- Im Sprunggelenkraum — das Sprungbein und die kleineren Fußgelenkknochen mitbedenken.
- Sich dann auf den Fußraum einstellen. Dort schließt sich an das innere Keilbein der 1. Mittelfußknochen an, der zur Großzehe führt. Vom Großzehengrundgelenk her in den Raum der Großzehe gelangen. Dort befinden sich zwei kleine Zehenknochen, gelenkig verbunden. Die Spitze des letzten Zehenknochens kann sich durch die Haut zum Strumpf fühlen.

— Ans mittlere Keilbein schließt sich der 2. Mittelfußknochen an — und führt zum Grundgelenk der zweiten Zehe. Daran schließen sich drei Zehenknochen mit entsprechenden Zwischengelenken an. Die Spitze des letzten Zehenknochens kann sich durch die Haut zum Strumpf fühlen.
— Ans äußere Keilbein schließt sich der 3. Mittelfußknochen an — und führt zum Grundgelenk der mittleren Zehe. Diese in der gleichen Weise üben.
— Ans Würfelbein schließt sich der 4. Mittelfußknochen an — daran entlanggehen — und zum Grundgelenk der 4. Zehe kommen. Die Knochen der vierten Zehe in der gleichen Weise üben.
— Ebenso ans Würfelbein schließt sich der 5. Mittelfußknochen an — und führt zum Grundgelenk der Kleinzehe. Diese mit den drei kleinen, feinen Zehenknöchelchen ebenso üben.
— Den Fuß im ganzen wahrnehmen! Falls der Fuß noch nicht in gerader Verlängerung des Beines liegen kann, ordnet die Großzehe jetzt die Lagerung so, daß Unterschenkel und Fuß für die weitere Übung in einer Richtung zu liegen kommen. (Wenn das Fußgelenk nicht den Bodenkontakt bewahren kann, spürt es sich über den Abstand bodenwärts. Sich noch gedulden und alles so annehmen, wie es jetzt sein kann.)
— Die Großzehe — und alle anderen Zehen — fühlen sich mit Hilfe des Knochenbewußtseins über den Boden hin zur gegenüberliegenden Wand — oder zu einem realen oder vorgestellten Gegenstand.
— Die Fußsohle — von der Ferse her beginnend bis zu den rückwärtigen Zehen — fühlt sich mit Hilfe des geübten Knochenbewußtseins hin zur gegenüberliegenden Wand — oder zum Gegenstand, zu dem die Zehen vorgefühlt sind.

Beobachtungsphase

Nehmen Sie die geübte Seite vom Kreuzbein bis zur Fußsohle hin wahr — und vergleichen Sie diese mit der ungeübten Seite. Wie bleibt das Geübte und Erfahrene erhalten, wenn Sie den Kopf behutsam zur anderen Seite drehen, ablegen und wieder in den Boden einbetten?

Übungsanweisung / Fortsetzung

— Üben Sie die 2. Seite vom Kreuzbein ausgehend bis zur Fußsohle hin in gleicher Weise nach der vorausgegangenen Übungsanleitung.

Beobachtungsphase

Nehmen Sie sich jetzt im ganzen wahr — im Kontakt zum Boden — mit der Beziehung der beiden Fußsohlen zur Wand hin. Wie teilt sich das für Becken, Beine und Füße Geübte dem anderen Körperbereich mit? Wenn Sie genügend beobachtet haben, stellen Sie sich auf den weiteren Übungsverlauf ein.

Übungsanweisung / Fortsetzung

— Richten Sie Ihre Aufmerksamkeit auf eine Fußsohle — und bleiben Sie gut von der Fußsohle her eingestellt und vorgefühlt zur Wand hin. Mit dieser Fußsohle werden Sie in eine Bewegung kommen, während die andere Fußsohle ebenfalls da ist, vorgefühlt zur Wand hin und so die Bewegung unterstützend.
— Erkennen und/oder spüren Sie das Kreuzbein in seiner jetzigen Position und in seinem Volumen. Das Kreuzbein hat Beziehung zur Fußsohle hin.
— Die übende Fußsohle — von der Ferse bis zu den Zehen hin — wird an der gegenüberliegenden Wand, zu der sie vorgefühlt ist, senkrecht hochzeichnen. Bei der entstehenden Bewegung bleibt das gesamte Bein beteiligt und folgt der Fußsohle. Das Knie bleibt also dabei durchgestreckt.
(Lassen Sie für diese Bewegung in Ihrem Bewußtsein ein Bewegungsbild entstehen. Dadurch wird das Bein noch besser vortonisiert. Wenn das Bewegungsbild in Ihrer Vorstellung klar ist, kann die Bewegung beginnen.)
— Die ganze Fußsohle zeichnet flächig an der Wand hoch, in senkrechter Richtung. Dabei hat die Ferse einen etwas längeren Fühlweg. Bleiben Sie dabei möglichst gut eingestellt auch auf das Kreuzbein, die Knochen in den Bein- und Fußräumen — und auf die andere Fuß-

sohle, die über den Boden hin im Kontakt zur Wand vorgefühlt bleibt.

— Wenn Ihr Maß erreicht ist, zeichnet die Fußsohle auch wieder senkrecht nach unten, bis das Bein in der ganzen Länge und der Fußrücken mit den Zehen auf dem Boden angekommen sind. Mit dem Bein und dem Fuß ankommen — mit der Fußsohle zur Wand hin vorgefühlt bleiben.

Beobachtungsphase

Nehmen Sie das übende Bein im ganzen wahr und vergleichen es mit dem noch nicht geübten. Welche Unterschiede in der Befindlichkeit fallen Ihnen auf? Wie empfinden Sie die Verbindung vom Rumpf zum Bein hin? Vom Rücken bis zur Fußsohle? Lernen Sie im Vergleich mit dem ungeübten Bein, wie und wo die eutonische Übungseinstellung bei dieser Bewegung das Körperganze tonisierend beeinflussen konnte. Diesmal wenden Sie gute Aufmerksamkeit dem Lenden-, Flanken- und Leistengebiet zu. Nehmen Sie sich im ganzen wahr — vom Kopf zu den Füßen hin.

Übungsanweisung / Fortsetzung

— Das bereits geübte Bein bleibt von der Fußsohle her gut zur Wand hin eingestellt und vorgefühlt.
— Die 2. Fußsohle fühlt sich nun von der Ferse bis zu den rückwärtigen Zehen nochmals in den Kontakt zur Wand ein.
— Sie sind wach dafür, wann der Bewegungsimpuls für die 2. Fußsohle in Ihnen da ist (evtl. wieder erst, nachdem Sie ein inneres Bewegungsbild entstehen ließen!) — und geben dann diesem Impuls Bewegungsraum.
— Üben Sie mit der 2. Fußsohle ebenso wie mit der 1. nach der vorliegenden Übungsanweisung.

Beobachtungsphase

Lassen Sie sich genügend Zeit, die Wirkung der eutonischen Einstellung und des eutonischen Übens in dem schon bewegten und in dem noch ruhenden Bein zu erkennen und wahrzunehmen. Vergleichend lernt sich leichter und es bringt Unterscheidungskraft. Bleiben Sie beobachtend von Kopf zu Fuß in sich. (Gegebenenfalls könnten Sie hier die Übung abschließen.)

Erweiterte Übungsanweisung

— Stellen Sie sich mit dem zuletzt geübten Bein auf einen weiteren Bewegungsablauf ein: Die vorgefühlte Fußsohle zeichnet wieder an der Wand senkrecht aufwärts, so weit Ihre Einstellung und Disposition es zulassen. Dann führt die Fußsohle das Bein weiter in eine seitlich waagerechte Richtung nach inwärts über das andere Bein — und weiter abwärts, bis es auf dem ruhenden Bein zu liegen kommt.
(Lassen Sie für diesen Bewegungsablauf evtl. wieder ein inneres Bewegungsbild entstehen — und sind Sie wach für den Impuls, der Sie dann in die Bewegung führt.)
— Die vorgefühlte Fußsohle zeichnet also flächig an der Wand in senkrechter Bewegung hoch — dann seitlich über das ruhende Bein hin — und zeichnet dann abwärts, bis das bewegte Bein sich auf dem liegenden Bein ablegen kann.
— Beobachten Sie, welche Bereiche der Beine aufeinander zu liegen kommen (Oberschenkel, Knie, Unterschenkel, Fußgelenk) — und lassen Sie das obere Bein sich einfühlen. Nachspüren.
— Der Oberkörper bleibt dabei gut im Bodenkontakt.
— Dann führt die Fußsohle das Bein im umgekehrten Bewegungsablauf wieder zurück in die Ausgangslage. Die vorgefühlte Fußsohle zeichnet also erst wieder an der Wand hoch — und dann zur Ausgangslage zurück, bis das Bein in gerader Verlängerung des Rumpfes angekommen ist. Beide Beine und Füße liegen dann wieder parallel nebeneinander.

Beobachtungsphase

Wenn Bein und Fuß sich wieder in den Kontakt eingefühlt haben, nehmen Sie wahr, wie das Bein — und die dazu gehörige Körperseite über Schulter, Flanke, Lende, Becken sich für Sie anspüren. Wie sieht das Körperbild dieser Seite für Sie aus? Vergleichen Sie mit der noch nicht geübten Seite — vom Kopf zu den Füßen hin. Beide Fußsohlen sind da und vorgefühlt zur Wand.

Übungsanweisung / Fortsetzung

— Üben Sie mit dem 2. Bein von der vorgefühlten Fußsohle her den gleichen Bewegungsablauf — in der gleichen eutonischen Einstellung.

Beobachtungsphase

Nehmen Sie das zuletzt geübte Bein im ganzen wahr — und vergleichen Sie es mit dem anderen. Gibt es Ähnlichkeiten oder Unterschiede und wie machen sich diese bemerkbar? Wie reagiert die Körperseite, die zu dem übenden Bein gehört? Wo hat etwas mitgeübt? Nehmen Sie sich in all Ihren Kontakten zum Boden hin wahr. Beobachten Sie den Rücken, den Kreuzbeinbereich, die Lenden und Flanken — und kommen beobachtend bein- und fußwärts. In Rückenlage nochmals beobachten — dann lassen Sie die Übungserfahrung nachschwingen und ausklingen. Dehnen. Räkeln. Ins Stehen kommen. Das Nächstliegende an-gehen.

Übung 15: Stehen auf dem Boden — Stehen auf dem Eschenrundholz

Vorbemerkungen

— Falls Sie kein Eschenrundholz haben, begnügen Sie sich einfach mit dem Üben auf dem Boden — oder suchen sich einen „Ersatz-Widerstand" in Ihrer Umgebung, durch den Sie jeweils einen Fuß durchfühlen können: ein dickes Buch, ein hartes Kissen, eine dickere Strohmatte, ein Nudelholz ...

- Lesen Sie zur Einstimmung evtl. einige Abschnitte aus dem Kapitel „Auf die Füße kommen".
- Das Üben mit den drei Fußpunkten (mittlerer Fersenbereich, Grundgelenkbereich der großen und der 4. Zehe) wird als bekannt vorausgesetzt.
- Ebenfalls ist vorausgesetzt, daß das Knochenbewußtsein im Beckenraum und den Beinräumen geübt war und wachgerufen werden kann.[11]
- Es kann gut sein, vor diese Übung im Stehen eine kurze Kontaktübung im Liegen einzuschalten, um besser bei sich zu sein.

Übungsanweisung

- Legen Sie das Holz etwa in die Mitte der Übungsmatte — und stellen Sie sich so, daß das Holz quer vor Ihnen liegt.
- Dabei stehen die Füße parallel im Sitzbeinhöckerabstand. Achten Sie also darauf, daß die Fußspitzen nicht nach außen schauen. Wichtig ist die Richtung von den Fersen zu den Großzehen bei beiden Füßen in parallelem Abstand.
- Sie halten Tennisbälle oder Holzkugeln oder kurze Bambusstäbe in den Händen. Die Handinnenflächen zeigen zur Hüfte, bzw. zum Oberschenkel.
- Mit Hilfe der drei Fußpunkte fühlen sich die Füße in den Boden ein: beide Fersen — die Grundgelenkbereiche beider Großzehen — die Bereiche der vierten Grundgelenke.
- Sich also von den Füßen her in den Boden einfühlen — und dabei die Einstellung oder Vorstellung wachrufen: Ich werde wie von einem freundlichen Wind von rückwärts her bewegt.
- Die entstehende Bewegung (mit dem Sprunggelenk beider Füße) ist sehr klein — nach vorne — und wieder zurück.
- Dabei fühlt sich das Scheitelgebiet aufwärts zur Raumdecke. Von Kopf zu Fuß da sein, bei sich sein.

[11] S. B. Brandt, Sitzen – Schweigen – Hören, Mainz 1986. S. 61, 67 oder Übung 14 dieses Buches.

- Wenn der Wind, von rückwärts kommend, Sie bewegt, bleiben Sie in der gesamten Aufrechten da — und spüren, wie die Fußsohlen reagieren. Wie verlagert sich das Gewicht über den Sohlen?
- Die Kniekehlen bleiben einfach gerade, das Scheitelgebiet nach aufwärts gefühlt. Die Augen können offen oder geschlossen sein.
- Sich dabei immer mehr in den Boden einfühlen — und sich dann in der gesamten Aufrechten/Senkrechten wahrnehmen. Verwurzelt sein — und aufgerichtet, ausgerichtet da sein.
- Wenn Sie sich gut eingefühlt haben, geht einfach ein Fuß mit der Fußmitte aufs Holz. (Dem Fuß und der Sohle die Bewegung überlassen — und nichts vom Kopf her machen!) Die Fußsohle, der Fuß findet Kontakt zum Holz — und fühlt sich gleich durchs Holz bodenwärts. Dabei lassen Sie sich immer noch von rückwärts wie vom Wind bewegen. Also nicht mit dem hinteren Bein stehen, ohne das vordere auf dem Holz gleichberechtigt dabei zu haben. Der Fuß auf dem Holz fühlt sich immer noch durch.
- Wenn es reicht, kann der Fuß sich zunächst wieder auf den Boden stellen. Sie spüren kurz nach — und gehen einfach ein paar Schritte ums Holz oder auf der Matte. Die Füße gehen!
- Dann wieder vor dem Holz stehen — und die Fußsohlen erneut einfühlen. Erinnerung an die Fußpunkte! Sich wie vom Wind bewegen lassen. Das Scheitelgebiet fühlt sich aufwärts zur Decke.
- Dann kann der andere Fuß — von der Sohle bewegt und geführt — sich auf das Holz stellen. Während er sich ein- und durchfühlt, lassen Sie sich weiterhin vom Wind bewegen. Nicht erstarren — oder sich im rückwärtigen Bein festmachen!
- Der rückwärtige Fuß, der auf dem Boden steht, kann sich evtl. zu einem nächsten Boden hin- und durchfühlen.
- Entweder kann — nach einer angemessenen Weile — der Fuß wieder vom Holz zum Boden zurückkommen — und Sie gehen nachspürend, ausruhend einige Schritte umher — oder
- der rückwärtige Fuß stellt sich ebenfalls aufs Holz — so daß Sie jetzt mit beiden Beinen und Füßen auf dem Holz sind.
- Die Füße stehen im Sitzhöckerabstand parallel zueinander — und fühlen sich beide durchs Holz bodenwärts.

— Die Kniegelenke bleiben unbedingt gerade, das Scheitelgebiet aufwärts vorgefühlt.
— Eine Hilfe zum Stehen ist jetzt das Knochenbewußtsein in den Bein- und Fußräumen. Das Kreuzbein kann sich (wie ein drittes Bein) vom stumpfen Ende her bodenwärts spüren. Das Scheitelgebiet bleibt aufwärts gefühlt zur Decke. Der Blick der Augen geht waagerecht (im rechten Winkel zur Wirbelsäule) nach vorne.
— Beobachten und spüren Sie, ob beide Füße gleichgewichtet da sein können. Wenn Sie gut stehen — oder wenn es Ihnen reicht, gehen Sie bewußt und langsam herunter. Es setzt sich zunächst ein Fuß nach rückwärts ab. Dabei beachten, daß beim Schritt nach rückwärts zunächst die Zehen aufsetzen, dann der Mittelfuß und zuletzt die Ferse.
— Ankommen mit dem ersten Fuß — nachspüren — und dann geht der zweite Fuß in gleicher Weise nach rückwärts vom Holz zum Boden hin.

Beobachtungsphase

Stehen — und im Stehen von Kopf zu Fuß bei sich sein. In sich sein. Da sein. Wohin wirken sich die ausgewogenen, gleichgewichteten Füße aus? Wie reagiert die Wirbelsäule? Kopf und Schultern — oder andere Bereiche?
Vielleicht mögen Sie im Liegen nachruhen und die Erfahrung „Ich stehe" nachklingen lassen.

Das Stehen auf dem Holz läßt sich verschiedenartig erweitern und abwandeln:
— Ein Fuß versucht, die Stellung zu verändern. Wie reagiert der aufrechte Körper in all seinen Kontakten nach außen?
— Beide Füße verändern die Stellung. Immer in der Ausgewogenheit bleiben oder sich wieder einpendeln. Die Kontakte nach außen beachten.
— Im Stehen auf dem Holz durchs Kreuzbein tönen — stimmhaft oder stimmlos.
— Vom Stehen in die Hocke gehen. Dabei darauf achten, daß die Lendenwirbel gut da sind. Kreuzbein und Steißbein fühlen sich bodenwärts und helfen der Hockbewegung. Scheitelgebiet!

— Die Füße bleiben durchgefühlt — und die Finger einer Hand zeichnen am Boden und an der Wand entlang in einer aufwärtsführenden Bewegung und kommen ebenso wieder zurück. Oder
— beide Arme tun dies gleichzeitig — nach vorne oder zur Seite hin. Die Kontakte nach außen von den Fingerkuppen her beachten. Wenn die Bewegung vorwärts geht, ist die Handinnenfläche zu Beginn zum Oberschenkel gerichtet. Bei der Bewegung zur Seite hin wird die Handinnenfläche nach vorne gewendet, so daß die Kleinfinger zu Beginn am Bein Kontakt hat.
— Das Holz liegt mit der Rundseite zum Boden hin — und Sie üben das Stehen auf der flachen Holzseite.

(Es tut gut, nach dem „ersten Aufstehen" morgens auf dem Holz stehend „aufzustehen" — in den Tag hinein. Der Körper, vor allem das Skelett, ordnet sich vom Fußkontakt, vom Grund her. Es spielt sich ein für den Tag. Eine tägliche „2-Minuten-Morgen-Übung"!)

Übung 16: Stehen — schrittweise gehen

Beginnen Sie so zu üben, wie es in der vorhergehenden Übung angegeben ist. (Im Text bis: ... aufgerichtet, ausgerichtet da sein.)
— Sie stehen jetzt mit eingefühlten Füßen, aufwärtsgefühltem, wachem Scheitelgebiet — und können sich daran erinnern, daß die Wirbelsäule den Kopf mit dem Kreuzbein verbindet — und von dort die Verbindung zu den Füßen gegeben ist. Von Kopf zu Fuß da sein, bei sich sein.
— Dann geht ein Fuß — von der Sohle geführt — einen Schritt zurück. Darauf achten: erst setzen die Zehen auf — dann der Mittelfuß — dann erst die Ferse. Warten und spüren, ob Sie mit dem Fuß wirklich ganzflächig angekommen sind.
— Beobachten und spüren, ob der vordere Fuß genau so da sein kann wie der hintere, d. h. ob beide Füße ausgewogen da sein können. Zugleich hinten und vorne im Schritt (im Schreiten) sein. Erinnerung ans Scheitelgebiet.
— Dann kann der andere Fuß einen Schritt zurückkommen. Die Sohle führt — und der Fuß setzt von den Zehen beginnend bis zur Ferse hin auf.

- Der Rücken ist wach mit dabei, vor allem das Lenden- und Kreuzbeingebiet.
- Jetzt wieder beobachten und spüren, wie Sie mit beiden Füßen ausgewogen da sein können — oder ob Sie auf das vordere oder rückwärtige Bein „mehr Gewicht legen“. Die Füße auswägen, hilft der gesamten Ausgewogenheit.
- Sie könnten noch 1—2 Schritte in dieser Weise üben — oder wenn es reicht, wieder beide Füße parallel nebeneinanderstellen, nachspüren — beenden — oder anschließend nochmals einige Schritte in der gleichen Weise üben — oder
- wenn die Füße wieder gut in den Boden, das Scheitelgebiet aufwärts gefühlt sind, geht ein Fuß einen Schritt nach vorne. Dabei setzen zuerst die Ferse — dann der Mittelfuß — und zuletzt die Zehen auf.
- Achten Sie auf die Ausgewogenheit in dieser Schrittstellung. Finden Sie in einem Schritt die Mitte, die Ausgewogenheit.
- Für das rückwärtige Bein brauchen Sie ein gutes Fersenbewußtsein. Vielleicht will die Ferse sich etwas vom Boden lösen, wenn der andere Fuß vorwärts geht. Sie sollte dennoch im guten Kontakt zum Boden bleiben.
- Scheitelgebiet — Lendengebiet — Kreuzbein — Füße!
- Vorne sein — und zugleich hinten sein.
- Erst wenn sich diese Ausgewogenheit für Sie eingestellt hat, folgt der nächste Schritt. Auch der ist wieder auszubalancieren. Jeder Schritt ist neu. Sie selbst erfahren sich in jedem Schritt neu und anders.
- Bleiben Sie mit nebeneinander parallel ausgerichteten Füßen stehen, wenn Sie das Üben beenden wollen. Nachspüren, was haben Sie erfahren? (Auch das Schwanken — vorübergehende Unsicherheit — Neubeginn u. a. gehören zum Stehen und Gehen, beim Üben und im Alltag.)

Nach einer guten Pause kann sich folgende Übungsvariante anschließen — oder sie läßt sich als selbständige Übung nehmen:
- Fühlen Sie sich (wieder) von den Füßen her in den Boden ein. Der Wind bewegt Sie dabei von rückwärts. Das Scheitelgebiet fühlt sich aufwärts zur Raumdecke. Erinnern Sie sich an die Wirbelsäule, das Kreuzbein, die Knochen in Bein- und Fußräumen.

– Wenn Sie mit gut eingefühlten Füßen stehen – geht ein Fuß, von der Sohle geführt, einen Schritt nach rückwärts. Wach im Rücken dabei sein. (Auch der Rücken geht rückwärts!)
– Das Scheitelgebiet bleibt wach aufwärts gefühlt zur Raumdecke hin. Die Augen schauen waagerecht nach vorne.
– Dann heben sich gleichzeitig beide Fußsohlen von den Fersen her, daß Sie auf die Zehen zu stehen kommen. Scheitelgebiet! Die Fußsohlen können/sollten auch über den Abstand Fühlung zum Boden behalten – oder sich wieder hinfühlen, wenn Sie auf den Zehen stehen. Spüren, wie lange Sie so verweilen können!
– Bleiben Sie gut auf das wache Scheitelgebiet eingestellt, wenn dann beide Füße *gleichzeitig* wieder auf dem Boden aufsetzen. Beim Scheitelgebiet bleiben, damit die Füße tatsächlich gleichzeitig und gleichmäßig zum Boden kommen.
– Beide Füße kommen immer mehr an. (Fühlen Sie sich von den Sohlen her zum und wieder in den Boden.)
– Spüren, ob Kopf und Rumpf ausgewogen über den Beinen und Füßen da sein können. Körperliche, aufrechte Mitte und Ausgewogenheit in einem Schritt.
– Evtl. wiederholen – oder die Schrittstellung auflösen und einfach stehen und nachruhen. In Ihre Erfahrung zurückspüren.
– Aus der Übung – als Übende – in den Alltag gehen.

(Diese Übung ist auch als Variante beim Stehen auf dem Eschenrundholz möglich. Das Holz liegt dabei längsgerichtet.)

Kapitel 3
Übungserfahrungen im Alltag

Die Übungsprinzipien der Scharing-Eutonie als Hilfen in der Hauswirtschaft

von Mechthilde Kreutler

Die folgenden Ausführungen beziehen sich auf einen Haushaltsbetrieb mit der Unterkunftsmöglichkeit für ca. 20 Gäste. Diese wird von Einzelnen und von Gruppen für religiöse und gesamtmenschliche Weiterbildung in Anspruch genommen. Dazu gehören Erwachsene, Ehepaare mit Kindern, junge Erwachsene. Im Rahmen von Tages-, Wochenend- und Langzeitangeboten werden die Gäste beherbergt und verköstigt. Obwohl ich Hauswirtschaftsmeisterin mit Berufserfahrung bin, habe ich auch durch die Eutonie mehr meine Fähigkeiten in der Haushaltsführung und gleichzeitig mehr Freude daran entdeckt.
Bei meiner täglichen Arbeit im Haushalt ist das erste Übungsprinzip, das Fühlen wo ich bin, wichtig und hilfreich geworden. Es bringt mich immer wieder auf den Boden der Realität. Ich frage mich: „Wo stehe ich? Ist mein Kreuzbein da? Sind meine Fersen und Fußsohlen spürbar da? Wozu haben meine Hände Kontakt?"
Dies kann überall geübt werden, sobald ich daran denke, z.B. in der Küche beim Kartoffelschälen. Die Fußsohlen fühlen sich in den Boden ein, das Kreuzbein stellt den Kontakt zur Kleidung her, und die Hände nehmen bewußt den Kontakt zum Kartoffelschäler und zur Kartoffel wahr. Wenn es gelingt, eine Verbindung von oben nach unten (und umgekehrt) nachzuempfinden, kann ich beobachten, daß ich aufrecht und gelöst bin. Diese Erfahrung hat Auswirkungen. Ich bemerke, daß ich weder verkrampft dastehe noch viel Muskelkraft einsetze.
Auffällig ist mir, daß ich bei solcher Einstellung nicht so schnell ermüde. Die Ermüdbarkeit nimmt wieder zu, wenn ich mich z.B. beim Spülen zu weit nach vorne beugen muß und dabei ‚die Füße verliere', weil die Arbeitsfläche nicht die richtige Höhe oder den entsprechenden Abstand hat. Dann besteht die Gefahr, mich in die Schultern „hineinzuhängen" und mit dem Kopf voraus das Spülen zu verrichten. Die Beine und Füße sind nicht mehr im Bewußtsein. Der Kontakt des Kreuzbeines zur Kleidung, der Füße zum Boden, der Kontakt der Hände zum Wasser, zum Spültuch und zum Geschirr läßt mich — trotz des Leichtgebeugtseins — die Kraft im Kreuzbein- und Lendenbereich zulassen.

Auch beim Putzen ist diese Einstellung eine große Hilfe. Wie ermüdend und schmerzhaft im Lendengebiet kann es sein, einfach drauflos zu wischen! Dabei habe ich dauernd die Gelegenheit zum Üben im Alltag. Jeder Handgriff, bei dem die Hand in Verbindung zum Rücken und zum Lendengebiet bleibt, wird bewußter. Dies wiederum wirkt sich aus in einem geordneteren und harmonischeren Ablauf der Arbeit.
Nach meiner Erfahrung besteht ein Zusammenhang zwischen der Einstellung und Weise im Umgang mit Töpfen, Geschirr und anderem Handwerkszeug — und den verursachten Geräuschen. Die Geräuschkulisse wird geringer, wenn ich bei mir bin und eine Beziehung zu den Gegenständen habe, mit denen ich arbeite. So könnte eine intensive Beziehung zwischen mir und dem Rührlöffel sein, wenn ich in der Suppe umrühre. Diese Beziehung drückt sich darin aus, wie ich den Rührlöffel in der Hand halte, die Finger über die Kontakte in den Löffel einfühle, wie ich ihn ablege oder spüle.
Alle Arbeitsvorgänge sind mir gleich wichtig geworden. Auch bei der einfachsten Arbeit kann ich lebendig dabei sein und viel beobachten. Langeweile und Verdruß sind für mich dagegen Anzeichen, daß ich nicht mehr ganz da bin und die Beziehung zu meiner Tätigkeit verloren habe.
Weitere Möglichkeiten zum Kontaktüben bieten sich mir, wenn ich warten muß, z. B. im Stehen vor der Ladenkasse in einem Geschäft oder beim Sitzen vor Beginn einer Veranstaltung. Im Kontaktnehmen übe ich mich selbst, mein Selbst.
Das „Im-Kontakt-sein" ist die Voraussetzung für das 2. Übungsprinzip der Scharing-Eutonie: Das fühlen über sich hinaus — auch als Vorbereitung für eine Bewegung. Konkret für mich angewandt ist es eine Hilfe beim Umgang mit Gästen. Wenn für ein Wochenende eine Gruppe angesagt ist, nehme ich mir vorher Zeit, mich darauf einzustellen. In eutonischer Haltung, d. h. im Kontakt zum Boden und zum Sitz, mit „wachem" Rücken und den Scheitel aufwärts gefühlt zur Zimmerdecke, im ganzen möglichst ganz da — so lasse ich eine geraume Zeit vor der Anreise in meiner Einstellung die Gruppe auf mich zukommen. Mit dem inneren Auge gleichsam schaue ich die Personen an: Sind es Erwachsene — oder Jugendliche — oder Kinder? Woher kommen sie? Was erwarten sie von der Unterbringung und Verpflegung, von der Atmosphäre des Hauses?
Wenn ich in der hörenden Einstellung bleibe, beginne ich nicht einfach daraufloszuplanen, sondern nach dem 7. Übungsprinzip zu fragen und nachzuspüren, was ich tun soll. Beim Einkaufen gilt es dann, mich leiten zu lassen, ob ich dieses oder jenes Gemüse oder diesen oder jenen Salat kaufen soll. Früher machte ich einen genauen Plan für den Speisezettel, an den ich mich hielt. Heute versuche ich zu spüren, was die Gäste an gesunder Ernährung brauchen.

Es gibt heutzutage soviele Auffassungen von gesunder Ernährung, und manche leuchten mir auch ein. Trotzdem weiß ich, daß Rohkost für den einen gut sein kann, für den anderen aber ungünstig. Nicht jeder Organismus kann Rohkost ohne weiteres verarbeiten. Darum gilt es, immer wieder hinzuhören, was *jetzt* für *diese* Menschen richtig ist.
Natürlich ist die sorgfältige Zubereitung der Speisen wichtig. Doch das Allerwichtigste dabei ist die „Zu-wendung". Sie beginnt schon bei der Vorbereitung zum Kochen, und sie bleibt erhalten beim Untermischen von Salaten, beim Würzen, beim Umrühren in der Suppe, beim Abschmecken von Gemüse, bei der Auswahl der Getränke, beim Tischdecken ...
Das Einüben in das 7. Prinzip erfordert viel Geduld und vor allem anfangs auch mehr Zeit. So erlebe ich in meinem Alltag, was bei Eutonie-Übungen immer wieder erfahren wird: „Wenn der Grund nicht stimmt, muß von neuem begonnen werden."
Gelingt das „Führenlassen", erlebe ich Freude in der Arbeit und ihr rechtes Gelingen. Oft staune ich, wie sich die Dinge — im Tun und gleichzeitigen Zulassen — fügen. Mein eigener Kräftehaushalt mit körperlicher und seelischer Energie bleibt eher ausgewogen beansprucht, wenn ich die eutonische „Lehre vom Grund" mir leibhaftig zu Herzen nehme.

Eutonie und ihre Umsetzung in tägliches Denken, Fühlen und Tun

von Doris von Molitor-Behrle

Eutonie ist nicht nur eine Körpertherapie zur Regulierung von Fehlspannungen, zur Korrektur des Körperbildes. Über die Erfahrung des Leibes und am Leib wird Eutonie zum Lernprozeß, der das tägliche Denken, Fühlen und Tun heilsam verwandelt. Es gibt kaum eine eutonische Körpererfahrung, die nicht ihre Entsprechung in einer psychischen Befindlichkeit des/der Übenden hätte. Und so kann vieles, was in der Übung auf dem Boden erfahren wird, umgesetzt werden in eine Überlegung bezüglich eingefahrener Gewohnheiten und Reaktionsmechanismen. Schon an der Art des Übens läßt sich manches über sich selbst erkennen.
Wer mit großem Eifer und Elan zu üben beginnt, dann aber bei den ersten auftretenden Schwierigkeiten rasch ermüdet und erlahmt, kann wohl in seiner Lebens- und Arbeitsweise ähnliche Tendenzen entdecken. Wer mit geringer Aufmerksamkeit und zerfahren seine Übung ausführt, sich immer wieder von einfallenden Gedanken (an vermeintlich Wichtiges!?), von Schlaffheit oder Unlust

ablenken läßt, in dessen Beziehungen, Bestrebungen und Interessenbereichen kann es ähnlich bestellt sein. Wenn jemand Schwierigkeiten bei Stehübungen hat, wenn es ihm schwerfällt, in den richtigen Stand zu kommen, erscheint die behutsame Frage angebracht: „Bin ich eigentlich ‚imstande', *frei* zu sprechen oder meine Gedanken und Gefühle *frei* auszudrücken? — Was hindert mich evtl. daran? — Wie sieht im Alltag mein Selbst-Stand, meine Selbständigkeit wirklich aus?"

Jede eutonische Übung kann Anstöße und Aufforderungen zur Selbstreflektion, zur Selbstüberprüfung freisetzen. Werden sie aufgenommen und bedacht — auch in den unscheinbarsten Aufgaben, die jeder neue Tag mit sich bringt — können gerade hier mehr Bewußtsein und eine lebensmäßige Ordnung wachsen. Durch eutonisches Verhalten läßt sich lernen, bei im Alltag aufkommenden Konfusionen, die durch drohende Überforderung oder zu viele gleichzeitige Eindrücke hervorgerufen werden, sich jeweils ‚hier und jetzt' zu ordnen, um dann der Situation ruhiger und gestärkter entgegenzugehen — oder sich klar für etwas anderes zu entscheiden.

Jedem einzelnen der eutonischen Übungsprinzipien begegne ich mehrfach im Laufe eines Tages — und das auf verschiedenste Weise. Ich will versuchen, das an entsprechenden Beispielen darzustellen.

Oft, wenn ich müde und aufgebraucht nach Hause komme, beginne ich nicht schon gleich wieder etwas „Wichtiges", sondern lege mich auf den Boden und nehme *Kontakt* zu ihm. Vielleicht leite ich Überspannungen aus besonders gestauten Körperzonen ab. Nach dem abschließenden Wahrnehmen, Dehnen und Lassen lausche ich noch eine Weile in mich hinein — und stehe dann erfrischt auf, um das zu beginnen, was im Tagewerk jetzt dran ist. Natürlich kann ich das kurze Kontaktüben auch stehend oder sitzend vollziehen. Dabei erspüre ich die entsprechenden Kontakte zum Boden oder zur Sitzfläche, die Haut kann sich zur Kleidung und zur Luft fühlen.

Das zweite eutonische Übungsprinzip rufe ich ebenfalls oft zu Hilfe. Immer wieder ertappe ich mich dabei, wie ich zunächst in völlig falschem, unnötigen Kräfteeinsatz arbeite, wenn ich z.B. aus verspanntem Schultergürtel heraus eine Suppe umrühre, eine Holzfläche abschmirgle oder das Lenkrad meines Autos halte. Die verkrampfte, mühsame Haltung oder Bewegung erinnert mich an eine bessere Möglichkeit. Ich *fühle über mich hinaus,* d.h. ich spüre zunächst den Kontakt, fühle mich in den Gegenstand, z.B. den Kochlöffel, ein, und durch ihn hindurch zur Suppe. Die Tonusänderung, die sich daraus ergibt, bewirkt einen leichteren, mühelosen Bewegungsablauf in der rechten Beziehung zum Objekt. Durch diese Verbindung — mit Hilfe des Ein- und Durchfühlens — wird ein Energiekreislauf in Gang gesetzt: ich gebe nicht nur Kraft, ich empfange auch

Kraft zurück. So wird aus der sonst so mühseligen Arbeit ein wie von innen geschehendes, selbstverständliches Tun.
Bei einer Bergwanderung in den Alpen machten wir eine erstaunliche Entdeckung: wenn wir bei jedem Schritt bergauf die Fußsohle gut in den Boden einfühlten, beim Fußaufsetzen ans Durchstoßen dachten, d.h. den Schritt als Durchstoßen zu einem zweiten unteren Boden ausführten, und gleichzeitig den Scheitel nach oben fühlten, wurde ein leichter, federnder Gang möglich, der uns gar nicht mehr anstrengte, sondern leicht bergan führte. Beim Abstieg mußten wir mehr auf die „rückwärtigen Räume" achten und aufs Fersenbewußtsein, um nicht bei jedem Schritt in den Schuhen nach vorne zu rutschen. Natürlich dachten wir nicht während der ganzen Wanderung an die Übungsprinzipien. Wir erinnerten uns an sie, wenn es neue Schwierigkeiten gab, und das half uns jedesmal weiter. (‚Richtige' Bergsteiger tun dies alles sicher intuitiv von selbst.) Am nächsten Tag hatte keiner von uns Muskelkater, der mich sonst nach jeder größeren Tour geplagt hatte, und wir hatten immerhin einen 2000er erklommen.
Bei vielen physischen und psychischen Problemen ist mir das sechste eutonische Übungsprinzip sehr hilfreich. Aus zahlreichen Übungen mit *erhöhten Widerständen* weiß ich noch genau, wie diese Widerstände in Form von Bällen, Hölzern oder Stäben immer stärker, härter und schmerzhafter geworden waren — solange ich sie unter meinem Körper wahrnahm — und mich immer mehr verspannte, weil ich mich gegen sie wie gegen einen Fremdkörper sträubte. Ich machte mich gegenüber diesen Störenfrieden völlig zu, lehnte sie ab und wollte nichts mit ihnen zu tun haben. Irgendwann wurde das Liegen unerträglich schmerzhaft und unbequem, und ich sah endlich ein, wohin die Ansage führen wollte: „Der Nacken fühlt sich ein in das Holz, er fühlt sich schräg nach rückwärts durch das Holz — bodenwärts." Ich begann den Protest, die Abwehr gegen das Holz aufzugeben, ich fühlte mich langsam ein und hindurch — ein mir neues und noch fremdes Gefühl entstand — und plötzlich war da kein hölzerner Widerstand mehr zu spüren. Die Muskeldystonie löste sich auf, und nach dem Herausnehmen des Holzes entstand ein wohltuendes Strömen von Energie. Dieses war nicht nur an der geübten Stelle direkt, sondern auch in anderen Zonen des Körpers spürbar.
Dieselben Erfahrungen kann ich mit Widerständen machen, die ich in mir selbst entdecke oder von außen her erlebe. In seelischen Problemen und sozialen Konflikten, im Umgang mit täglichen Gebrauchsgegenständen (Leitern, Möbeln, Gartengeräten, Autos u.a.) schlummert oft Widerstandsqualität. Häufig genug sperre ich mich anfänglich gegen sie und verliere dabei wertvolle Energie. Erst allmählich und in kleinen Schritten gelingt es mir anzunehmen, was *ist*. Ich kann mich einfühlen und Ja sagen zu etwas mir Widerstrebendem, ich kann es

zunächst einmal annehmen. Und genau wie beim eutonischen Üben erfahre ich hier: sobald eine Situation, ein Konflikt wirklich „durchgefühlt“ ist, sobald das Ja nicht bloß rational oder wunschmäßig bleibt, sondern mit dem ganzen Gemüt angenommen und durchlebt wird, läßt sich das aufarbeiten, was schier unmöglich schien. Mehr Leben wird integriert. Aus dem Wider-Stand wurde ein neutrales Gegegnüber, eine unfeindliche Forderung. So wurden neue Kräfte frei, die vorher festgehalten, gebunden waren.
Bei neu auftretenden Schwierigkeiten sage ich nicht mehr: „Das schaffe ich nicht, das halte ich nicht durch.“ Ich stelle mich auf sie ein, gehe ihnen entgegen — und bleibe dennoch bei mir. Manchmal gelingt dieser Versuch. Damit ist eine ganz andere Ausgangssituation gegeben.
„Bei allem, was dir widerfährt, gehe in dich und gedenke danach zu fragen, welche Kraft du demgegenüber habest.“ (Epiktet)
Auch mit negativen Gefühlen, die früher rasch in mir aufsteigen konnten, vermag ich jetzt anders umzugehen. Ärger, Wut, Zorn betrachte ich heute vor allem als Widerstände *in* mir, die mich hindern, frei durch meine *Innenräume* zu gehen, als Widerstände also für mein Frei-Sein. Ich suche nicht mehr wie früher ihren Anlaß nur außerhalb von mir. Nur solange gerate ich in Harnisch, als ich die eigenen Ursachen in mir selbst nicht erkannt und mit ihnen umzugehen gelernt habe. Leibhafte Ordnung schenkt auch mehr emotionale Ordnung. Geschehnisse, die mich sonst ärgern oder in Wut oder Zorn versetzen konnten, vermag ich gelassener, neutraler zu betrachten, aus einer guten Distanz heraus, und mit mehr Verständnis dafür, was im anderen Menschen gerade vorgeht.
Früher plante ich, während ich mit einer Arbeit beschäftigt war, nebenher schon 2—3 weitere Arbeitsvorgänge: morgens beim Bettenmachen stellte ich den Speiseplan auf, beim Kochen dachte ich an die Versuchsreihe im Labor, und im Labor entwarf ich irgendein anderes Vorhaben. Nicht selten hatte ich dazu noch einen interessanten Vortrag im Radio eingestellt, dem ich nebenher zuhörte. Mein großartiges Planungs- und Organisationstalent war allgemein anerkannt. Meine Gedanken eilten aber stets eine oder mehrere Stationen vor mir her. Bei keiner Arbeit war ich richtig dabei, weder bei der, die ich tat, noch bei der geplanten, weil ich eben versuchte, gedanklich an zwei Orten zu sein.
Inzwischen habe ich tiefer begriffen, daß es nicht darauf ankommt, was alles und wieviel man tut, sondern *wie* man es tut. Wenn ich mit leibhaftem Kontakt, mit Herz und Gedanken bei der Sache sein kann, entsteht wirklich ein lebendiger Bezug. Die Verbindung zwischen mir, meinem Tun und dem, was sich daraus entwickelt, gestaltet sich zu einer Einheit. Dies bedeutet, wie ich schon sagte, daß ich einem lebendigen Energiekreis angeschlossen bin, daß die Kräfte, die ich einsetze, verwandelt in mich zurückströmen können.

„Alle Kraft, die wir fortgeben, kommt erfahren und verwandelt wieder über uns. So ist es im Gebet: Und was gibt es wahrhaft Getanes, das nicht Gebet wäre?" (R. M. Rilke) Wie ich beim Ertasten der Innenräume meinen Leib von innen her erfahre, so geschieht es manchmal, daß in der Stille oder beim Verrichten einer einfachen Arbeit mir plötzlich etwas „inne" wird, daß ein bisher unklares Gefühl auf einmal geklärt aufleuchtet und einmündet in einen neuen Sinnzusammenhang. Durch dieses „In-sich-gehen" werden neue Möglichkeiten sichtbar. Ich er-innere etwas, was ich eigentlich schon lange wußte. Doch jetzt gehört es einer neuen Dimension an, es löst sich aus der rationalen Ebene und tritt mir auf einer geistigen Stufe tiefer und lebendiger und in einem neuen Licht entgegen.

Eutonische Einstellung und eutonisches Verhalten im Arbeitsalltag eines industriellen Großbetriebes

von Eleonore von Rotenhan

Die Anforderungen eines Arbeitstages

Im Gegensatz zur Muße ist die Arbeit in der industriellen Arbeitswelt etwas, das ich tun muß, das mir also von außen aufgetragen wird, und das ich oft nicht selber bestimmen kann. Meine Leistung bestimmt auch die Höhe meines Einkommens. Ich werde demnach nicht alimentiert wie ein Beamter, sondern bezahlt nach Menge und Qualität meiner Arbeit. Daraus erwächst häufig das Gefühl, der gestellten Aufgabe nicht gerecht zu werden, zu viel zu tun und zu wenig Zeit zu haben. Ebenso ist Angst vor bestimmten Situationen und Personen eine bekannte Gefühlsqualität.

Arbeit bedeutet nicht nur Fluch, nicht nur das, was ich im Schweiße meines Angesichtes vollbringe. Den meisten Menschen macht es Spaß, etwas zu schaffen, mit anderen zusammen zu sein und die Möglichkeit zu haben, hin und wieder eigene Ideen und Vorstellungen verwirklichen zu können. Manchmal möchten wir allerdings mehr mitreden und selbst bestimmen können. Nicht immer dürfen wir unsere Arbeit so tun, wie wir selber es wollen. Manchmal müssen wir uns bücken, wenn wir stehen wollen, wir müssen eilen, wo wir langsam vorangehen möchten. Nicht nur der Betrieb oder die Vorgesetzten, auch das Material, das Werkzeug oder andere Menschen fordern uns auf, uns anders zu verhalten, als wir es selber wollen. Oftmals allerdings merken wir aber überhaupt nicht mehr, wie wir durch den täglichen Arbeitsrhythmus fremdbestimmt und im wahrsten Sinne des Wortes verkrüppelt werden.

Aus verschiedenen Untersuchungen von Krankenkassen und Rentenversicherungsträgern ist bekannt, daß die industrielle Arbeitswelt mehr als andere Arbeitsbereiche ganz bestimmte Belastungen mit sich bringt. Solche sind:

- im körperlichen Bereich: Verspannungen im Schulter/Nacken-Gebiet, Gefühllosigkeit oder heftige Schmerzen im Lendengebiet, Verdauungs-, Kreislauf- und Herzbeschwerden;
- im psychischen Bereich: Unruhe, Streßgefühle, Depressionen, verschiedene Suchtkrankheiten (Alkohol, Drogen, Medikamente), Beziehungsschwierigkeiten und Antriebsarmut;
- im psychosomatischen Bereich: viele körperliche Beschwerden, die seelische Ursachen haben können, z.B. Magengeschwüre, vegetative Störungen, Kopfschmerzen oder allgemeine Stoffwechseldisharmonien.

Mindestens ebenso wichtig erscheint mir neben diesen mehr äußerlichen Auffälligkeiten das unausgesprochene schmerzliche Gefühl für etwas Fehlendes. Über den vielen Terminen, den Gesprächen mit unzähligen Menschen und der häufig spürbaren körperlichen Erschöpfung vergessen wir fast, daß uns etwas Wichtiges fehlt. Wer noch ein Gespür für ganzheitliches Leben bewahrt hat, spricht dies oft so aus: „Im Urlaub, da wird alles anders. Da kann ich machen, was ich will. Da werde ich mich endlich wieder mit mir selber und meinen Träumen beschäftigen können." Nur — auch im Urlaub können die meisten Menschen nur *so* leben, wie sie es sonst zu tun pflegen: gejagt, zerrissen und an äußeren Dingen orientiert. Diese Lebensweise wird als ‚eingefleischtes Verhalten' deutlich. Deshalb kann sie nicht wie ein Kleidungsstück einfach abgelegt werden.
Dieser Zwiespalt zwischen Wirklichkeit und Traum, zwischen Physik und Metaphysik, zwischen dem Hiersein und Dortsein, wird sich wohl nie aufheben lassen. Doch wir müssen uns davon nicht zerreißen lassen, brauchen nicht zu verzweifeln, weil wir es nicht schaffen. In der Scharing-Eutonie, so glaube ich, könnten viele Menschen einen Weg finden, nicht nur ihren Arbeitstag besser zu bewältigen, sondern auch zu erfahren, daß sie nicht mehr in Arbeit und Freizeit, in Wirklichkeit und Innerlichkeit auseinandergezogen werden. Doch dies ist nicht das Geschenk einer begnadeten Stunde, sondern ein langer und mühevoller Weg.

Der durch die Scharing-Eutonie ausgelöste Prozeß

Die Scharing-Eutonie ist keine neue Religion, auch kein moderner Religions-Ersatz. Eutonische Übungen sind keine Technik und beinhalten keine Fertigrezepte, die man anwendet, um in einer überschaubaren Zeit einen gewünschten Erfolg erzielen zu können.

Scharing-Eutonie ist ein einfacher, aber dennoch ein Leben lang dauernder Weg, der die Person ganzheitlich, also mit Körper, Seele und Geist, ihrer eigentlichen Bestimmung in dieser Welt näher bringt. Wohl stellt sich schon für die meisten nach kurzem Üben ein deutliches körperlich-seelisch-geistiges Wohlgefühl ein. Bei vielen Menschen verschwinden Verspannungen und Streßgefühle. Doch merkt man im Laufe der Jahre, daß solche Erfahrungen nur der Anfang eines eutonischen Prozesses sind. Unter vielem anderen erscheint mir heute bei der Scharing-Eutonie für den Arbeits-Alltag als besonders wichtig:

- Eutonie ist ein ganzheitlicher Ansatz.
- Jeder Übende erfährt für sich auf je eigene Weise die Eutonie.
- Eutonie ist keine Entspannungs-, sondern eine spannungsausgleichende Vorgehensweise.

Natürlich gibt es noch andere Aspekte, doch interessiert vor allem *der* Bereich der Eutonie, der sich unmittelbar auf den Arbeits-Alltag mit seinen Freuden und Leiden bezieht.

Eutonie als ganzheitlicher Ansatz

Wenn die Seele leidet, wirkt sich das im Körper aus. Wir alle beobachten immer wieder Menschen, denen man ansieht, daß ihnen ungelöste Probleme anhängen. Sie gehen, stehen und laufen vornüber gebeugt, so als hätten sie eine schwere Last zu tragen. Wir reden davon, daß uns etwas auf die Nerven geht, daß sich etwas auf die Leber schlägt oder daß wir zu viel Unverdauliches runterschlucken müssen. Ist die Seele ausgeglichen, muß sie ihr Gewicht nicht dem Körper aufladen. Umgekehrt: viele körperliche Beschwerden prägen sich der Seele ein und verursachen in ihr Ängste, Verdrossenheit, mangelnde Ich-Stärke oder eingeengtes Denken. Aber nicht nur Körper und Seele beeinflussen sich gegenseitig. Ohne einen metaphysischen Bezug, ohne das, was jenseits unseres alltäglichen Erfahrungshorizontes liegt, ohne das Geistige, können Körper und Seele nicht heil werden. Die für die Scharing-Eutonie so wichtige Frage: „Was soll ich jetzt, was ist mein Auftrag?“ erinnert immer wieder daran, daß der Mensch mehr ist als das, was man von ihm sieht. Eine vernehmbare Antwort auf diese Frage stellt sich eher ein, wenn Körper und Seele auf dem Weg zu einem eutonischen Zustand sind.

Übende erfahren in einer jeweils individuellen, ihnen gemäßen Weise die Eutonie

Übende haben, wenn sie mit der Eutonie beginnen, ihre je eigene Gestalt, Geschichte, ihre jeweils gemäßen Begabungen und Bedürfnisse. Eine eutonische Übung, die in einem Kurs angesagt wird, wirkt auf jeden Teilnehmer anders. Weil es kein für alle gleiches Soll und Kann gibt, sondern alle einen eigenen Weg gehen müssen, gibt es in der Eutonie keinen Leistungskatalog. Wohl berichten die Übenden auch in der Scharing-Eutonie von ihren Erfahrungen, doch daraus kann und darf nie ein für alle gleiches Ziel werden. Jede/r muß die eigenen Schritte gehen und hat in individueller Weise neu laufen zu lernen.

Eutonie ist keine Entspannungstechnik

Es gehört heute fast zum guten Ton in der Arbeitswelt, überspannt, verspannt oder gestreßt zu sein. Der Ruf nach Entspannungstechniken ist groß und weitverbreitet.
Schon das Wort „Eutonie“ deutet an, daß es sich hier um einen Ansatz handelt, der nicht Ent-Spannung, sondern „schöne“ Spannung erfahren läßt. Diese Wohl-Spannung schlägt sich als Tonus in den Muskeln und Nerven nieder. Sehr deutlich läßt sich dieser Eu-Tonus bei Katzen beobachten. Sie sind nie oder nur selten überspannt. Daß sie aber auch nicht völlig ent-spannt sind, wird deutlich, wenn sie aus der Ruhelage im Bruchteil einer Sekunde aufspringen und völlig da sind. Aber auch hier gilt: der Eu-Tonus ist nur dann da, wenn die Skelettmuskeln, die Atmung und das Gefühl für den Körper ihn zulassen.
Dies alles setzt bei den meisten heutigen Menschen regelmäßiges Üben voraus. Als Grundlage dazu dienen die Übungs-Prinzipien. Je intensiver geübt wird, um so leichter gelingt es im täglichen Leben, sich an einzelne Elemente solcher Übungsabläufe zu erinnern. Wo immer man ist, am Schreibtisch, am Reißbrett, an der Werkbank oder im Gespräch, können sie aufgerufen werden und helfen dann, eutonisch zu sitzen, zu fühlen oder sich zu bewegen. Dies erfordert dann allerdings auch, daß man solche Erinnerungen zulassen kann und sie nicht gleich wieder in den Bereich des Unterbewußten verbannt, also den Aufruf, etwas ‚Eutonisches‘ zu tun, kommen zu lassen, zu hören und ihm zu folgen. Allein mit der Kenntnis der „Übungs-Prinzipien der Scharing-Eutonie“, ohne daß diese in immer neuen Kombinationen geübt werden, wird allerdings niemand einen Eu-Tonus für sich erreichen.

Die Umsetzung der Eutonie in den Alltag

Die Prinzipien, wie ich sie von Hannelore Scharing in mehreren Jahren in einer Fülle von Übungen erlernt und an mir selber gespürt habe, lassen sich, so habe ich es in der beruflichen Praxis erfahren, tatsächlich in den eigenen Arbeits-Alltag übersetzen. Immer mehr erinnere ich mich im Arbeitsleben an eutonische Elemente und entdecke Möglichkeiten, in wenigen Sekunden oder Minuten bei mir und in mir zu sein. Ich fing an, meinen Alltag bewußt zu beobachten, analysierte die Zeiten des Wohlbefindens und die des Mißmutes und veränderte meinen Arbeitsplatz so, daß ich immer wieder ganz kurz eutonisch (übend) bei mir sein kann. Seit längerer Zeit liegen das Eutonie-Holz unter meinem Schreibtisch und Holzkugeln in der Schublade. Kontakt mit dem Holz und den Kugeln ist so mehrmals am Tag möglich.

Eutonie im Alltag ist keine Selbstverständlichkeit. Ob geübt wird, hängt immer auch vom eigenen Tagesrhythmus ab. Eine Hausfrau hat einen anderen Tagesverlauf als ein Elektriker, ein Sozialarbeiter einen anderen als eine Verkäuferin. Mein eigener Alltag ist gejagt von Terminen, vielen Gesprächen, Fortbildungskursen, von Briefen, die schnell erledigt werden müssen, dem Telefon und von vielen schriftlichen Aufgaben. Fast in jeder Woche stehen für mich mindestens zwei Dienstreisen — oft mit Übernachtung, sehr frühem Tagesbeginn und spätem Heimkommen — auf dem Terminkalender.

Ausgehend von meinem eigenen Weg mit der Eutonie weiß ich heute, daß ich während eines Arbeitstages immer wieder bestimmten Gefahren erliege:

- Ich lade mir zu viel auf die Schultern und versuche, die Probleme, die ich zu bearbeiten habe, vor allem mit dem Kopf zu lösen.
- Ich lasse viele Probleme zu nahe an mich herankommen und mich von ihnen vom Boden wegbringen.
- Ich habe zu viele Interessen und Ideen gleichzeitig und muß mich ständig bemühen, in meinen Tagesablauf eine gewisse Struktur und Ordnung zu bringen.
- Ich bin auf mich selber ärgerlich, weil ich mir nicht genügend Nischen der Ruhe und Einkehr schaffe, die es mir ermöglichen würden, die Probleme anderer besser zu erfassen.
- Ich lasse mich immer wieder auch dort von anderen bestimmen, wo ich kämpfen müßte, und halte zu viele Vorgänge, die andere Menschen belasten, für normal.

Dies alles sind zunächst seelische und verstandesmäßige Belastungen. Aber sie schlagen sich in meinem Körper nieder. Ich verliere die Füße, bin nicht im Kreuzbein, ziehe die Schultern ein, um einen großen Rucksack tragen zu können, und verliere meine Stimme.

Ehe ich mich intensiver mit der Eutonie beschäftigte, konnte ich diese Schwierigkeiten nie recht formulieren. Ich war einfach nur mit mir selber unzufrieden. Noch immer bin ich nicht perfekt, doch merke ich, daß ich in den letzten Jahren dabei bin, meine Mitte zu finden. Dazu verhilft mir das tägliche Üben. Allerdings sind mir zeitlich lang andauernde Übungen nur am Wochenende oder im Urlaub möglich. Oft bin ich dann zunächst so müde, daß ich mich fast zwingen muß, eutonisch zu üben. Aber ich habe gelernt, mich im Laufe eines Tages, auch wenn er noch so hektisch ist, auf einige Kurzübungen oder eutonische Elemente zu besinnen.

Da ich während des Arbeitstages nicht auf dem Boden liegen kann, ist mir das eutonische Sitzen sehr wichtig geworden. Ich habe gelernt, schnell die Sitzbeinhöcker in den Boden zu fühlen, im Kreuzbein zu sein und die drei Fußpunkte (unter der Ferse, unter dem Grundgelenk der Großzehe und der vierten Zehe) im Kontakt zum Holz oder zum Fußboden zu spüren. Ich erde mich, um nicht davonzufliegen. Im Stehen ist es mir wichtig, ganz da zu sein und die Atembewegung vom Brustbein über das Kreuzbein bis in die Fersen hinein zu fühlen. Um die eutonischen Alltagserfahrungen zu veranschaulichen und für mich selber Rechenschaft abzulegen, habe ich den Verlauf von drei aufeinanderfolgenden Arbeitstagen protokolliert. (Anm.: Zwei davon sind hier wiedergegeben.)

Erlebte und erfahrene Eutonie im eigenen Alltag

Als ich meine Protokolle im Zusammenhang las, war ich überrascht, wie häufig ich mich im Laufe eines Tages sekunden- oder minutenlang an eutonische Elemente erinnern und so mehr in den Füßen, im Kreuzbein und im Rückenraum anwesend sein konnte. Die Tage sind beliebig gewählt. Ich habe immer dann etwas aufgeschrieben, wenn ich mir meiner selbst bewußt wurde. Und dies war dann immer auch der Moment, wo ich kurz üben konnte.

1. Tag

6.30 Uhr	Der Wecker läutet — aufstehen, die Katzen versorgen; duschen, dabei werden die Wirbel von oben nach unten und von unten nach oben dem Wasserstrahl ausgesetzt; anziehen, Gymnastik, Teetrinken, Küche aufräumen.
7.10 — 7.25 Uhr	Eutonie: Ich liege in Rückenlage auf dem Boden, Tennisbälle in den Händen, die Arme am Körper entlang abgelegt. Der Kontakt zum Boden wird gespürt. Das Becken, das Kreuzbein, die Oberschenkel, die Kniekehlen, die Waden, die Fersen werden zum Boden, die Fuß-

sohlen und die Zehen zum Strumpf gefühlt. Dann geschieht dasselbe mit dem Hinterkopf, der Nackenhaut und den Schultern, dem Rücken, den Armen und den Händen. Dann versuche ich, mich am Skelett entlang zu tasten, wieder ausgehend vom Becken, vom Kreuzbein zum Steißbein, zu den Hüftgelenken, den Beinknochen und den Fußknochen. So rufe ich auch die Hinterkopfschale, die Wirbelsäule im Ganzen, die Schultergelenke und die Arm- und Handknochen insgesamt auf. Dann horche ich in mich — und dehne mich.

7.30 Uhr	Mit Bus und S-Bahn ins Büro, beim Warten fühle ich die drei Fußpunkte zum Boden.
8.05 Uhr	Ankunft im Büro, allgemeines Gespräch über das Neueste der letzten Tage.
8.30 Uhr	Die Post wird durchgesehen, dabei sitze ich und fühle die Füße durch das Eutonie-Holz unter meinem Schreibtisch; mehrere Telefongespräche.
9.30 Uhr	Ein kurzfristig angemeldeter Besuch kommt und berichtet erfreuliche Dinge, die Füße stehen auf dem Holz.
10.00 Uhr	Ein langes Telefongespräch wegen einer ärgerlichen Personalsache.
10.30 Uhr	Für morgen sagt sich Besuch an, der mir nicht paßt. Ich denke an mein Kreuzbein. Danach diktiere ich in Ruhe mehrere Briefe.
10.50 Uhr	Mit dem Taxi zum Bahnhof und von dort nach A. Ich bin sehr müde, versuche zu schlafen.
11.30 Uhr	Ankunft in A., mit dem Taxi zu einem offiziellen Mittagessen. Einmal nehme ich bewußt Kontakt zu Messer und Gabel auf. Kurz bevor ich eine Gratulationsrede halten muß, fühle ich die Füße in den Fußboden und die Hände in die Stuhllehne.
15.00 Uhr	Einige dienstliche Gespräche, dann Rückfahrt. Die Bahn ist überfüllt und heiß. Ich versuche, in meine rückwärtigen Räume zu gehen und dort zu bleiben.
16.30 Uhr	Rückkehr nach Hause; die Katzen werden versorgt, über die Hände nehme ich Kontakt zu ihrem Fell.
17.00 — 21 Uhr	Eine Sitzung meines Kirchenvorstandes
ab 21.30	Briefe schreiben
22.30 Uhr	Ende des wachen Tages

2. Tag

6.30 Uhr Der Wecker läutet, aufstehen, duschen, dabei lasse ich wieder das heiße Wasser die Wirbel hinunter und hinauf laufen; die Katzen versorgen, die Küche aufräumen, Gymnastik zum Aufwachen.

7.15 — 7.25 Uhr Eutonie: ich nehme wie gestern mit dem ganzen Körper vom Becken und dann vom Kopf abwärts Kontakt mit dem Boden auf, diesmal allerdings in Bauchlage.

Die Arme liegen neben dem Körper fußwärts, beide Hände halten Tennisbälle. Dann lege ich das Eutonie-Holz unter die Fußgelenke. Das verändert die Lage, die ich gut wahrnehmen kann. Die Leisten sind jetzt freier. Ich suche das Kreuzbein auf, spüre auf beiden Seiten die Beckenknochen, beide Hüftgelenkpfannen, die Beinknochen und die Fußknochen in ihren Räumen, die Fußgelenke mit den dazugehörigen inneren Knochen im Kontakt zum Holz. Dann schiebe ich das Holz zur Seite, beobachte, wie ich mich fühle und räkele mich gut durch.

7.30 Uhr Mit dem Fahrrad zur S-Bahn, dabei fühle ich die Sitzhöcker in den Sattel ein.

8.05 Uhr Ankunft im Büro; mehrere Anrufe vom Vortag sind notiert und müssen beantwortet werden, die Post wird durchgesehen.

9.00 — 9.40 Uhr Ein Besucher will etwas zum Thema „Vorbereitung auf den Ruhestand“ wissen. Am Ende des Gespräches versuche ich, eutonisch zu sitzen.

9.40 Uhr Ein 40seitiges Protokoll einer Tagung muß redigiert werden.

10.15 Uhr Ich nehme zwei Holzkugeln in die Hände, spüre das Kreuzbein und fühle die Füße in das Holz; Weiterarbeit am Protokoll.

10.50 Uhr Telefon; Vorbesprechung eines Vortrages im nächsten Monat.

11.00 Uhr Hintereinander vier Telefonate, dann Weiterarbeit am Protokoll; einmal nehme ich wahr, daß meine Füße noch immer auf dem Holz stehen.

12.30 — 13.30 Uhr Ein sehr unangenehmes Personalgespräch. Ich bin offensichtlich einer Mitarbeiterin mit meinem verkehrten Fuß auf ihren verkehrten Fuß getreten. Beim Gespräch halte ich den Bleistift in der Hand und fühle meine Finger in ihn ein. Dazwischen versuche ich, im Kontakt zum Stuhl die rückwärtigen Räume zu fühlen und frage mich, ob ich noch Hand und Fuß habe.

13.30 Uhr Mittagessen; kaum davon zurück, läutet ununterbrochen das Telefon.

14.45 Uhr	Ein ärgerlicher Brief wird gebracht, der wiederum mehrere Telefonate erfordert.
15.30 Uhr	Mein Vorgesetzter will eine Auskunft. Ich versuche, im Rücken zu sein und mache mich auf den Weg. Das Gespräch endet mit einem Lob und einem neuen Arbeitsauftrag, zum Glück nicht mit einem unmittelbar bevorstehenden Termin.
16.15 Uhr	Das Protokoll wird beendet, Druck und Versand geklärt.
18.00 Uhr	Feierabend. Mit der S-Bahn nach Hause, kurz umziehen und Abfahrt ins Theater.
23.30 Uhr	Ich gehe ins Bett.

Kritische Auswertung des eigenen Arbeits-Alltages

Die protokollierten Arbeitstage sind sicher kein Muster-Beispiel dafür, wie man im Alltag eutonisch leben kann. Ich war dennoch davon überrascht, wie häufig im Verlauf eines Tages eutonische Kurzübungen möglich sind. Dazu erscheinen mir folgende Punkte besonders erwähnenswert:

— Der fremdbestimmte Arbeitstag bietet keine Möglichkeit, zu bestimmten Zeiten zu üben.
— Immer, wenn besondere Streßsituationen auftreten, erinnere ich mich wie hilfesuchend an mein Kreuzbein, an die Fersen und die rückwärtigen Räume.
— Den ganzen Tag über gibt es immer wieder Zeiten und Augenblicke, in denen ich mich eutonisch hinsetzen kann.
— Die Übungen ‚fallen ein‘, sie lassen sich nicht planen.
— Es bleibt keine Zeit zu überlegen, was man üben möchte. Es ist, als käme aus dem Inneren ein Aufruf, etwas Bestimmtes zu tun.
— Die Übungsprinzipien 1 und 7 sind die am häufigsten gebrauchten.

Wichtig erscheint mir auch, jeden Tag wenigstens eine zusammenhängende Viertelstunde zu Hause oder im Hotel zu üben. Auch dabei versuche ich, strikt das 7. Prinzip einzuhalten, nämlich nur das zu üben, was mir zu üben ‚einfällt‘, eingegeben wird. Meist liege ich in Rückenlage auf dem Fußboden und nehme zu diesem Kontakt auf. Manchmal gehe ich in die Bein- und Fußräume, häufiger habe ich das Bedürfnis, mich mit den Sitzbeinhöckern oder den Kniekehlen durch das Eutonie-Holz hindurchzufühlen.

Am wichtigsten erscheinen mir aber Fragen an mich selbst, Fragen, die mich in Bewegung halten, die aber häufig genug mit Nein beantwortet werden müssen: „Habe ich noch Hände und Füße? — Bin ich noch im Kreuzbein? — Habe ich noch meine Stimme als ein Instrument, das mich selber durchtönt und Räume erschließt, die lange Zeit nicht mehr gefühlt waren?" — Die bedeutungsvollste Frage aber lautet für mich so: „Was *soll* ich tun?" Daß ich heute nicht nur so frage, sondern auch die Antwort vernehme, ist für mich eines der beglückendsten, wenn nicht *das* beglückendste Erlebnis meines eutonischen Weges geworden.

Kapitel 4
Zu den Übungsprinzipien der Scharing-Eutonie und ihrer Anwendung im täglichen Leben

Die Übungsprinzipien der Scharing-Eutonie berücksichtigen auf eutonischer Ebene die Existenzweise des Menschen in einer gesamtheitlichen Sicht. Der Mensch als Geschaffener ist begabt, bei sich und in sich gesammelt zu verweilen, sich auszuhalten. Als Mitmensch ist er geschaffen und begabt für den Bezug und positive Beziehungsqualitäten zur Umwelt und im sozialen Bereich. Als so Geschaffener erfährt er sich offen und begabt für ein Beziehungsgeschehen zum schöpferischen Urgrund hin, zu Gott (zur Transzendenz).
Damit sich die Übungsprinzipien im Alltag hilfreich für einen inneren Ordnungs- oder/und Heilungsweg erweisen, sind genügend Erfahrungen mit sich selbst bei den entsprechenden Eutonie-Übungen notwendig. Durch konsequentes Üben aktiviert sich das leibhafte Gedächtnis in Haut, Muskeln und Knochen. Das eigene Körperbild und das Körperraumgefühl vervollständigen sich zunehmend und ermöglichen einen wacheren und eutonischen Umgang mit sich selbst während der alltäglichen Geschehnisse und Handlungen, d.h. außerhalb einer festgesetzten Übungszeit.
Denjenigen, die über das Üben zu *Übenden* werden, tut sich ein ordnender und durchgängiger Sinnzusammenhang der Prinzipien auf. Dieser wird deutlich und wirksam in einzelnen Übungen und in der eutonischen Einstellung im täglichen Leben. Körper, Seele und Geist des Menschen lernen wieder, einträchtig und einheitlich zu schwingen.
Im folgenden werden nach einer Darstellung des einzelnen Übungsprinzipes alltägliche Situationen benannt, in denen erfahrungsgemäß eine innere Einstellung eutonisch wirksam werden kann. Natürlich berücksichtigten die ausgeführten Beispiele nicht jeden Lebensrahmen. Somit ist dem eigenen Erspüren und Entdecken ein weiter Raum zugewiesen.

Im Alltag – spüren, wo ich bin

Das 1. Übungsprinzip leitet an, den Kontakt zur unmittelbaren Umgebung wahrzunehmen oder zu erspüren. Über diesen Kontakt zum Nächstliegenden gewinne ich mehr Kontakt zu mir selbst. „Das Ich wird am Du." (Martin Buber) Ohne Kontakt zur Außenwelt ist menschliches Leben unmöglich. Der Mensch

existiert nicht nur in sich, sondern als ein Wesen, das wesentlich auf Beziehung angelegt und verwiesen ist.
In der Eutonie wird der gesamte „Hautmantel“, der den Körper begrenzt, auch als Fühlorgan zur Umwelt angesprochen: zur Kleidung, zum Boden, zu Übungsgeräten, zur Luft. Jedoch nicht immer und nicht zu oft wird die Haut beim Kontaktspüren aufgerufen, weil dies vom Nervensystem her kaum auszuhalten wäre. Jeder Hautbezirk, der wieder wach integriert da sein kann, belebt die Wahrnehmungsfähigkeit im ganzen — und bewahrt das Denken davor, unnötige abstrakte und intellektuelle Alleingänge zu unternehmen. Der Mensch bleibt zunehmend auf seine ihm entsprechende Realität, die sich erweitern und klären kann, bezogen. Das Hier und Jetzt wird neu erlebbar, ich selbst im Hier und Jetzt — ohne daß sich ständig die unnötige Wiederholungsfrage nach der Vergangenheit stellt oder die spekulative Aussicht auf die Zukunft hereindrängt.
Das Üben nach diesem Prinzip und die entsprechende eutonische Einstellung gehen jeder anderen Übungsweise voraus. Sie verhelfen im Alltag dazu, wirklich da zu sein wo ich bin; nicht so oft neben, hinter und vor mir eine Scheinexistenz aufzubauen, die den realen und berechtigten Anforderungen ausweicht.
Kontaktmöglichkeiten lassen sich übend erfahren:

In der Tagesfrühe: Fußsohlen beim Aufstehen im Kontakt zum Boden oder Übungsholz; Haut im Fühlkontakt zum Wasser; — beim Zähneputzen legt sich der Handrücken kontaktend auf Kreuzbein- und Lendengebiet; beim Duschen, Föhnen, Kämmen, Rasieren u.a. die Fersen und Fußsohlen aufsuchen und im Kontakt spüren.

In verschiedenen Arbeitsbereichen: Beim Sitzen (Büro, Kundenschalter, Autofahren, beim Zuhören in beratender Tätigkeit u.a): Kontakte zur Sitzfläche und zum Boden zwischendurch immer wieder wachrufen; Sitzbeinhöcker und Fußsohlen; beim Stehen (Verkauf, Industrie, Bau u.v.m.): Sich an die Fersen und Fußsohlen erinnern; Fußpunkte, Kontaktmöglichkeiten der Hände zu Geräten, Möbeln, Instrumenten u.a. wahrnehmen; evtl. einfühlen; wacher Rücken vom Kreuzbein her; beim Schreiben: Finger zu diversen Schreibgeräten hinfühlen, evtl. ein- und durchfühlen; zwischendurch Kontakte zu Papier, zur Unterlage u.a. wahrnehmen; an der Schreibmaschine: Sitzkontakte wachrufen; Finger bewußt im Kontakt zu den Tasten spüren, evtl. durchspüren; Bodenkontakt der Fußsohlen; Fußpunkte; im Haushalt: Finger und/oder Handflächen im Kontakt zu Kochlöffeln, Geschirren, Nahrungsmitteln (Salate, Gemüse u.ä.), hölzerne Putzgeräte, Tücher, Wasser, Möbel, Treppengeländer u.a.

Bei Mahlzeiten: Fußsohlen im Kontakt zum Boden; Sitzbeinhöcker bodenwärts, Kreuzbein- und Lendengebiet kontakten Kleidung und/oder Stuhl; Finger spüren Kontakte zu Besteck, Geschirr, Tisch; zu Brot, Obst.

Vor dem Einschlafen: Kontakte im ganzen zur formbeständigen Unterlage, vor allem im Kreuzbeinbereich, Beine, Fersen, dann rückwärtiger Halsbereich — den anschließenden Rücken Richtung Kreuzbein/Beckengebiet; Ferse; Fußsohle und Großzehe im Kontakt zu etwas.

Im Alltag – über mich hinausspüren

Die Übungsweise des 2. Prinzips baut auf den Erfahrungen des Kontaktnehmens auf und setzt dieses voraus. Wenn ich über mich hinausspüre, lasse ich mich auf einen erweiterten Kontakt ein. Der Kontakt entsteht dabei nicht durch unmittelbare Berührung, sondern über einen Abstand hinweg, den ich fühlend durchtaste in Richtung auf einen Gegenstand hin — als räumliche Begrenzung. Der Abstand wird zur Beziehung, die Distanz zum Kontakt.
Bewußt erlernt werden kann dieses „Fühlen über sich hinaus", weil der Mensch von Natur aus dazu angelegt ist und sich nur mittels dieser Fähigkeit in Räumen, Bewegungen und Beziehungen zurechtfindet. Durch Unbewußtheit wird auch „unsachgemäß" damit umgegangen. Der Mensch gerät dann z.B. aus sich heraus. Manchmal ist es auch nicht ratsam, bewußt übend über sich hinauszuspüren. Das ist dann der Fall, wenn der Mensch sich in seiner Lebens- und Arbeitssituation über seine Kräfte verausgabt hat. Er fühlt sich geschwächt, ausgelaugt — und es wird ihm kaum einfallen (s. Prinzip 7!), nach dem 2. Prinzip zu üben. Hat er aber im Gegenteil dazu vieles aufgenommen, z.B. durch belastendes Anhören, Mittragen, unbewußte Lärm- oder Spannungseinwirkung, kann er dadurch, daß er übend über sich hinausfühlt, das Übermaß an Spannung abgeben.
Bei diesem erweiterten Kontaktnehmen verändert sich der Tonus, die muskuläre Spannungsqualität. Dies wirkt sich ausgleichend, ordnend und befreiend im gesamten Leibgefüge aus. „Das Ich wird am Du." (Martin Buber)
Eine Vorstufe für das Fühlen über eine Entfernung zu einem Gegenstand hin bildet das einfache Wahrnehmen des Abstandes. Es kann dazu etwa so angeleitet werden: „Wahrnehmen, wie die Fußsohle zur gegenüberliegenden Wand schaut! Wie weit empfinden Sie den Abstand?" Oder: „Nehmen Sie wahr, daß das Scheitelgebiet zur Raumdecke hin gerichtet ist." Damit wird in dem angesprochenen Körperbereich die Bereitschaft erweckt, die eigene Haut nicht nur als begrenzend, sondern auch als bereit ‚auf einen Kontakt hin' zu erfahren. Es ist durchaus

möglich, daß sich bei Übenden Angstgefühle einstellen können, wenn sie die ersten Male so bewußt von sich zu etwas hinzuspüren versuchen. Je nach der Richtung, in die vom Körper her gespürt wird (nach unten, oben, seitlich), können frühe Kindheitserfahrungen oder auch noch nicht durchgestandene Erlebnisse des Erwachsenenalters (Operation, Autounfall, Enttäuschungen u.a.m.) dieses Spüren erschweren und beeinträchtigen. Dann behutsam mit sich umgehen oder es noch ganz lassen!

Wie schon angedeutet, wird das Fühlen über sich hinaus immer räumlich durch einen Gegenstand begrenzt. Eine Wand, eine Kiste, ein Möbelstück bilden das Gegenüber. Wenn sie zu weit entfernt sind, lassen sie sich in der Vorstellung in der entsprechenden, bekömmlichen Entfernung postieren. Es wäre nicht gut, diese allgemeine Übungsanweisung nicht zu beachten und zu weit oder unbegrenzt ins Fühlen zu gehen. Dies bringt den Menschen „außer sich". Er verliert sich in gefährlicher Weise, weil er nicht bedingungslos und unendlich offen sein kann.

Deshalb ist es gut, für das Üben nach dem 2. Prinzip der Scharing-Eutonie folgendes zu beachten, damit es seine ordnende und befreiende Wirkung entfalten kann:

— Der Übende verweilt beim Fühlen über sich hinaus klar bei sich selbst (Kreuzbein- und Beckenbereich, Beine, Füße!). — Es geht *nicht* um eine sogenannte ‚Verlängerung' von Körperbereichen.
— Der Kontakt zu dem Nächstliegenden bleibt erhalten.
— Die Einstellung und das Fühlen über sich hinaus wird immer durch einen realen oder vorgestellten Gegenstand in angemessener Entfernung begrenzt.

Da eine eutonische Bewegung im Raum immer an der Peripherie, d.h. für Finger, Fuß, Kopf u.a. bei der gegenüberliegenden Wand oder Decke beginnt, kann es sein, daß durch das Vorfühlen (nach dem 2. Prinzip) schon ein Bewegungsansatz als innere Bewegung spürbar wird, falls eine Bewegung angesagt werden soll. Darauf wird in einem späteren Kapitel einzugehen sein.

Dieses 2. Übungsprinzip der Scharing-Eutonie, das Fühlen über sich hinaus, begünstigt und fördert die natürliche Begabung des Menschen, im sozialen Bereich und in seinen persönlichen Beziehungsgeflechten wahrhaft mitmenschlich zu leben. Es läßt leibhaftig die echte Kontaktfähigkeit wachsen, bei der in der Beziehung die Nähe und die Freiheit der Partner berücksichtigt sind.

So wie das einfache Kontaktnehmen den Übenden sich im Hier und Jetzt erfahren läßt, so beschenkt das erweiterte Kontaktnehmen mit der Gewißheit, daß ich als Mensch im Hier und Da verweilen kann. Es führt die Übenden eutonisch aus einer Isolation heraus und bewahrt sie gleichzeitig davor, sich wie in einem maßlosen Kontaktversuch zu verlieren. Das Vertrauen auf eine solche erfahrbare

klar erweiterte und klar begrenzte Kontaktmöglichkeit kann die tieferen Ursachen möglicher Ängste heilend beeinflussen. Das innere Bewegtsein kann erhellen.
Erweiterte Kontaktmöglichkeit läßt sich übend erfahren:

Beim Sitzen: Die Fußsohlen fühlen sich durch Matten und Boden hin zu einem unteren Boden. Die Sitzbeinhöcker fühlen sich durch Beckenhaut und Kleidung zur Sitzfläche, durch die Sitzfläche bodenwärts und zu einem vorgestellten nächsten Boden hin. Die Ellbogen fühlen sich bodenwärts. Das Scheitelgebiet nimmt Fühlung auf zur Raumdecke hin. Der Rücken fühlt sich zur Stuhllehne, evtl. darüber hinaus zur Wand.
Für Menschen im Rollstuhl, die nicht aufstehen können, und sich vielfältig in unangepaßten Wohnungs- und Arbeitsplatzeinrichtungen selbst helfen können/müssen, z.B. wenn sie etwas aus weiter Entfernung erreichen wollen, bietet sich folgende Verhaltensweise an: die Füße mit gutem Fersenbewußtsein durch das Trittbrett des Stuhles bodenwärts fühlen, Sitzhöcker fühlen sich schräg rückwärts-bodenwärts und durch den Boden, das Scheitelgebiet fühlt sich zur Decke und führt die Bewegung nach vorne an. Dabei bleibt der Rücken gegradet. Weil die Fersen immer im Bewußtsein bleiben, ist die Kraft für die Bewegung gesichert. Die Hände und Finger fühlen vor und ergreifen den gewünschten Gegenstand. Bei der Rückwärtsbewegung führen die vorgefühlten Sitzbeinhöcker. Der größere Radius über das Vorfühlen von Scheitelgebiet und Sitzbeinhöcker erleichtert diese Bewegung und macht diese Bewegungsart auch für Nichtbehinderte ratsam.[12]

Beim Sitzen im Auto: Im Autoraum nach allen Seiten über mich hinausspüren; im Auto anwesend werden, es ausfüllen. Oft wird das Fühlen über sich hinaus bis zur Begrenzung des Autos unbewußt wachgerufen, z.B. bei Engstellen und beim Einparken. Vergleiche entsprechende und andersartige Erfahrungen beim Hineingehen in niedrige Kellerräume oder gotische Kathedralen!

Beim Liegen: Von den Fußsohlen zur gegenüberliegenden Wand. — Vom Scheitelgebiet zur gegenüberliegenden Wand (dabei unbedingt auf Kreuzbein und Fußsohlen achten!).

Beim Stehen: Fußsohlen in den Boden zu einem unteren Boden — Menschen in pflegerischen Berufen bei Kranken, Alten und Sterbenden: Beziehung aufnehmen über Abstände hinweg! (Vorsicht! Kontakt ist nicht gleich Kontakt!) Hände können heilender und tröstender empfunden werden, wenn die Füße

[12] Siehe Abb. S. 150 und vgl., B. Brandt, Sitzen – Schweigen – Hören, S. 98.

eingefühlt dabei sind und der notwendige Kontakt über die Hände behutsam nah und freilassend zugleich ist.
Menschen in kirchlichen Berufen bei liturgischen Gesten und Segenshandlungen: Füße im Boden eingefühlt, Scheitelgebiet aufwärts gefühlt; von den Handflächen her hinfühlen zu den Menschen im gegenüberliegenden Raum. Wache Fingerkuppen!
Notwendiges, vorübergehendes Stehen auf einem Bein wird mühelos, wenn die hochgehobene Fußsohle den erweiterten Kontakt zum Boden aufrechterhält — beim Schuh- und Strumpfanziehen, bei anderen täglichen Gelegenheiten.

Im Alltag — in der Bewegung sein

Der feine Unterschied ist gut mitzubeachten: „Im Alltag in Bewegung sein — oder: Im Alltag *in* der Bewegung sein". Das 3. Übungsprinzip der Scharing-Eutonie leitet dazu an, daß Übende in einer Bewegung nicht aus sich herausgeraten, sondern in sich bleiben können — bei gleichzeitiger Anweisung, die Bewegung über den erweiterten Kontakt zu einem Gegenüber im Raum beginnen zu lassen. Dieser Kontakt wird während der Dauer der Bewegung aufrechterhalten.
Die eutonische Bewegung führt zu der Erfahrung, gleichzeitig im Innen und im Außen sein zu können. Auch darunter verstehe ich eine menschliche Begabung, die als Einheit gepflegt werden kann — oder auch in einer gespaltenen Weise zu existieren vermag. Dann ist der Mensch in extremer oder auffälliger Weise vorwiegend ins eigene Innere oder überwiegend in äußere Geschäftigkeiten ‚verzahnt'. Innerlichkeit und Weltzugewandtheit finden in der eutonischen Bewegung eine leibhaft gemeinsame und dynamische Gestalt.
Bewegung geschieht immer im Raum. Sie zeigt sich in horizontaler, vertikaler und sagittaler Ausrichtung. Jede Bewegung nimmt in irgendeiner Weise die Horizontale (und/oder Sagittale) mit in Anspruch, wobei die Vertikale die grundsätzliche Ordnung schafft.
Eine eutonische Bewegung setzt den Kontakt zum Nächstliegenden voraus, das Sein im Hier und Jetzt. Sie bahnt sich an im erweiterten Kontakt, d.h. im Hier und Da, im Vorfühlen von der Peripherie des Körpers her. Die innere Bewegtheit bahnt die Bewegung mit an und bestimmt ihren Verlauf und ihre Dauer. Die eutonische Bewegung *beginnt* gleichzeitig an der Peripherie des Körpers, z.B. an der Fußsohle, *und* dort, wohin diese sich vorfühlen konnte. Somit vereinheitlicht diese Bewegung das Innen- und Außensein des Menschen zu einer einzigen Gestalt.

Verschiedene Bewegungen auf eutonischer Grundlage beinhalten zum Beispiel folgende Elemente:

— Die Fußsohle fühlt sich zur Wand vor. Die Fußsohle beginnt die Bewegung dort, wohin sie vorgefühlt ist. Der anschließende Unterschenkel oder das gesamte Bein folgen der Bewegung und werden selbst bewegt nach oben oder zur Seite. Oder
— die Fingerkuppen fühlen sich wandwärts vor. Dort, wohin sie sich vorgefühlt haben, beginnen sie die Bewegung, und der Arm schließt sich dem Bewegtwerden an. Oder
— der Ellbogen fühlt sich zur Wand vor — und beginnt dort, wohin er vorgefühlt ist, die Bewegung. Der abgewinkelte Ober- und Unterarm folgen der Bewegung, werden mitbewegt. Oder
— das Scheitelgebiet fühlt sich zur Raumdecke. Es beginnt dort, wohin es vorgefühlt ist, die Bewegung. Der Kopf, der Halswirbelbereich (und evtl. weitere Wirbelbereiche) lassen sich mit in die Bewegung nehmen.

Um in der Gesamtheit, in möglichst ungeteilter Anwesenheit während der Bewegung verweilen zu können, ist es notwendig, zuvor den bewußten Kontakt für den Kreuzbein-/Beckenbereich, die Beine und Füße mit Fersen und Fußsohlen angesprochen zu haben. Dieser leibhafte Grund gehört zu jeder eutonischen Bewegung und macht sie harmonisch und fließend in ihrem Ablauf. Vor allem ist er notwendig, wenn die oberen Extremitäten, die Arme, Hände und Finger, sich klein- oder weiträumig bewegen. Aber auch wenn der Kopf und die Wirbelsäule in eine kleine oder große Bewegung kommen, ist es wesentlich, den leibhaftigen Grund nicht aus dem Bewußtsein zu verlieren, sonst stimmt die Bewegung nicht.
Die eutonischen Bewegungen in der oben beschriebenen Übungsweise können aus dem Stehen, Gehen, Liegen und Sitzen ausgeführt werden. Zu diesem 3. Übungsprinzip gehört auch das von angeleiteten Übungen her bekannte Schleifen oder Durchstoßen der Füße, ebenso das Dehnen nach jeder Übung und das Lassen nach jedem Dehnen. Das Lassen selbst ist ein wichtiger Übungsaspekt und muß oft eigens gelehrt und gelernt werden.

In der Bewegung sein läßt sich übend erfahren:

Aus dem Liegen: Sich dehnen und räkeln. Zum Wecker hin greifen. Verschiedene Aufstehbewegungen.

Aus dem Sitzen: Beim Bügeln, beim Weben, beim Malen, beim ...
Beim Musizieren (Streichinstrumente, Orgel ...)
Beim Greifen nach dem Telefonhörer und anderen Utensilien auf dem Schreibtisch. Beim Vor- und Zurückbeugen. Bei Aufstehbewegungen.

Aus dem Stehen (oder Gehen!): Beim Pflücken von Kräutern, Blumen, Obst u.a. Beim Schreiben an Schultafeln, bei deutenden Bewegungen an Demonstrationskarten und -modellen. Beim Dirigieren von Chören und Orchestern. Beim Treppensteigen, Fensterputzen, Staubsaugen ... Beim Wändestreichen und Tapezieren, bei vielen anderen handwerklichen Bewegungen. Bei liturgischen und meditativen Bewegungen verschiedener Art.
Aus dem Stehen ins Gehen, Tanzen, Laufen und anderes mehr sportliche Verhalten kommen; dabei sollten vor allem die Fußsohlen bewußt im Kontakt zum Boden bleiben.

Hilfreich ist es, erst einmal bei einer sich oft wiederholenden Bewegung im Alltag sich eutonisch einzustellen. Die Wiederholung erweist sich als gute Lehrmeisterin. Andere Bewegungsabläufe können davon profitieren, bis es mehr und mehr selbstverständlich wird, *in* einer Bewegung eutonisch anwesend zu sein. „Die Seele des Menschen kommt im Leib und in dessen Bewegungen zum Ausdruck." (Karl Jaspers)
Ein weiterer Hinweis bezieht sich auf das Tragen von schweren Gepäckstücken. Dabei sind verständlicherweise auch andere Übungsprinzipien als die eutonische Bewegung mit im Spiel. Schweres Gepäck, das einen Tragegriff hat, läßt sich am besten von den beiden äußeren Fingern (Klein- und Ringfinger) tragen. Diese haben über die Arme einen unmittelbaren Bezug in die Rückenräume und deren Muskulatur. Ein solches Tragen fördert, belebt und ordnet die Rückenräume und läßt dazu das Gepäckgewicht vermindert erscheinen. Die Kraft des Rückens ist dabei zum Tragen beansprucht, während beim Tragen mit der ganzen Hand und den anderen Fingern die Muskulatur im vorderen Schulter- und Brustbereich überfordert reagiert und Schulter und Brustkorb zusammensacken läßt.

Im Alltag — in mir Raum finden

Dem Üben nach diesem 4. Übungsprinzip der Scharing-Eutonie, dem Innenraum-Tasten, geht selbstverständlich das Kontaktnehmen, die einfache ‚Standortbestimmung', voraus. Wo bin ich jetzt? Wie bin ich da im Kontakt zu dem, was mir von außen her nahe ist?
Anschließend einen Weg nach innen finden und mich an der Innenseite meiner ‚Hautwände' entlangtasten und den angrenzenden Innenraum erkennen — das kann fast zu einem kleinen Abenteuer werden. Während ich versuche, in mich einzusehen, inwendig an der Haut zu sein, kann im umfassenderen Sinn *Einsicht*

wachsen. Innewerden, wer ich bis jetzt geworden bin. Innewerden, ich bin im Werden.
Vom Körperraum als Ganzem sind die vorderen Räume leichter erspürbar, aber heutzutage auch überbetont und überstrapaziert. Infolgedessen führen die wichtigen rückwärtigen Körperräume oft ein unterentwickeltes und verschlafenes Dasein. In rückwärtigen Anteilen des Körpers ist das Vertrauen (ins Leben) angesiedelt — oder auch nicht, ist die Fähigkeit zur Stille beheimatet — oder auch nicht, ist die Kraft verwurzelt, meinen Lebensraum als Ganzen anzunehmen und auszufüllen — oder auch nicht. Die Scharing-Eutonie spricht beim Innenraum-Tasten in behutsamer Weise vor allem die rückwärtigen Körperräume an (beim Rumpf, bei Beinen und Armen). Erst wenn diese allmählich „gleichberechtigt" dabei sein können, stellt sich Ausgeglichenheit (Harmonie) als Voraussetzung zu mehr gelingendem Leben und zur Meditation ein.
Das Abenteuer, in mir Raum zu finden, kann anfänglich von dem Eindruck und der Erfahrung begleitet sein, daß der Raum erst aufzuräumen sei! Die Muskulatur im Nacken-, Becken- und Oberschenkelbereich vor allem erscheint wie bewohnt und besetzt von alten Erlebnissen: Sich etwas verkneifen müssen. Sich zusammenreißen. Sich anstrengen. Sich ängstlich zusammenziehen. Sich wehren müssen und nicht können. Vermeintliche und wirkliche Beleidigungen unbeantwortet, unverziehen deponieren. Vermeintliche und wirkliche Enttäuschungen horten. Nicht lassen können, was zu lassen ist. So heißen einige Tupfer aus der Reaktionspalette, die sich über die dazugehörigen Gefühle in die Muskulatur eingeschrieben haben. Beim Innenraumtasten und auch bei anderen Übungsweisen kann es geschehen, daß sich diese alten Verhaltensmuster muskulär lösen wollen. Ein vermehrtes Ausscheiden über die Nieren wird als ein Anzeichen u.a. dafür gewertet. Es ist dann gut, reichlich Tee oder Wasser zu trinken, um einen körperlichen Entgiftungsprozeß zu unterstützen. Aufräumen. In mir Raum finden.
Es wird immer erst z.B. mit dem einen, dann mit dem anderen Bein geübt. Danach ist es möglich, die Seiten zu vergleichen. Im Vergleich läßt sich erfahren und lernen, was durch die Übung augenblicklich angesprochen werden kann. Das ist für beide Körperseiten meist unterschiedlich. Es ist ebenso erfahrbar, daß die Innenräume sich als hell, durchgängig, luftig, dämmrig, geräumig erkennen lassen. Der gleiche Körperraum kann jedoch zu verschiedenen Übungszeiten als schwer oder leicht zugängig, als hell oder dunkel, mehr eng oder mehr geräumig erspürt werden. Je nach dem, wie ich auf eine augenblickliche Lebenssituation reagieren kann, so ‚verfärben' sich unter Umständen auch meine erfahrbaren Innenräume. Eine andere Möglichkeit ist die, daß sich beim Üben nichts „Derartiges" einstellt. Genau das ist dann richtig und dran. Die leibhafte Wirkung macht sich davon nicht abhängig.

Einsicht nehmen in das Haus meines Leibes, in den Tempel meines Leibes. „Wißt ihr nicht, daß eure Glieder ein Tempel des Heiligen Geistes sind?" So eine alte Übersetzung. „Wißt ihr nicht, daß euer Leib ein Tempel des Heiligen Geistes ist, ...? ... Verherrlicht also Gott *in* eurem Leib!" (1 Kor 6,19a, 20b; Einheitsübersetzung)

Beim konkreten Üben sind verschiedene Einstellungen möglich:

— An der Innenseite der Haut in einem rückwärtigen Bereich bleiben und daran entlangspüren.

— An der Innenseite der Haut, z.B. des Beines, spiralig entlanggehen — und so das Volumen des Beines mehr erkennen können. Evtl. tauchen Muskulatur, Gewebe oder Knochen in der Vorstellung auf. Anschauen — und sich nicht dabei aufhalten.

— Von der Innenseite der Haut her den rückwärtigen Bereich, z.B. des Beines, in seinem Volumen beachten.

Immer geht es darum, die Geräumigkeit, das Volumen, die Dreidimensionalität des Körpers zu erfahren. Muskeln, Knochen, Gewebe oder Organe, die sich dabei evtl. mit einstellen und ins Bild bringen, können außer acht gelassen werden. Sie haben anderswo, jedoch nicht bei diesem Übungsprinzip, ihre Wichtigkeit. „Schafft Raum in eurem Leib, damit die Seele Platz hat." (Der hl. Hildegard zugeschrieben.)

Räume und Geräumigkeit in mir lassen sich in Erinnerung rufen und übend erfahren

— wenn ich mich zu Beginn einer Arbeit hinsetze oder sich zwischendurch eine Möglichkeit ergibt, z.B. bei Wartezeiten an der Ampel, beim Arzt u.a.: den Raum zwischen Kreuzbein und Beckenhaut erinnern oder üben. Sich an die rückwärtigen Räume von Oberschenkel und/oder Unterschenkel, an die Fersenräume erinnern oder übend durchgehen.

— Sitzend an der Kasse (Supermarkt u.a.), an der Schreibmaschine, am Reißbrett oder beim Instrumentenspiel: freundlich sich an die rückwärtigen Räume der Arme erinnern oder durch sie hindurchgehen. Hand- und Fingerräume beachten.

— Bei stehender Arbeit, zumal wenn Beschwerden im Rücken auftauchen: sich an den feinen Raum zwischen der Wirbelsäule und der Rückenhaut (vom unteren Schädelrand bis zum Kreuzbein hin) erinnern und mit freundlicher Einstellung übend von oben bis unten darin entlanggehen. Fersenräume und Fußräume beachten. Beides ist auch beim meditativen Sitzen zu empfehlen.

— Beim Gehen, Wandern, Treppensteigen u.a. kann es guttun, sich hin und wieder freundlich an die Fersenräume zu erinnern und darin Einsicht zu nehmen. Natürlich kann auch die Fußsohle von innen mit bedacht werden, damit sich der ganze Fußraum beleben kann.

Im Alltag — mehr Klarheit durch bewußte Knochen im Körperraum

Nach den anfänglichen eutonischen Übungen, die den Muskeltonus vor allem über verschiedene Arten des Kontaktspürens harmonisierend ansprechen, besteht die Möglichkeit, sich auf Knochenbewußtsein im Körperraum einzustellen. Auch dadurch erfahren die Muskeln, die an den Knochen ansetzen, einen Tonusausgleich. Skelettbewußtsein erhöht normalerweise den Tonus, und es erleichtert die Bewegungen.

Der erste Knochen, der übend ins Bewußtsein kommen darf, ist das Kreuzbein — in der rückwärtigen Mitte. Von da aus schließen sich der Beckengürtel und die Knochen in den Beinräumen an. Die Wirbelsäule im ganzen oder einzelne Wirbel besonders, die Knochen des Schultergürtels und der Arme übend anzusprechen, setzt voraus, daß der/die Übende gleichzeitig gut im „Grund" (Becken, Beine, Füße) und im Kontakt zu bleiben vermag.

Verschiedene Übungsphasen des Skelettbewußtseins lassen sich so umschreiben:

- Kennenlernen der Knochen, ihre Lage, Form und Struktur über das Anschauen von Karten und Modellen.
- Kennenlernen der Knochen durch Orientierung am eigenen Körper und Abtasten von Knochenkonturen, so weit es möglich ist.
- Übendes Einstellen auf die unsichtbaren, aber real-präsenten Knochen — mit der Vorstellung von diesen Knochen im eigenen Körperraum — in Rücken-, Bauch- oder Seitenlage. Die oft noch ‚unzureichende' Vorstellung korrigiert sich zunehmend, vervollständigt sich und weitet sich aus zu einem wirklichen Knochenbewußtsein.
- Bewußtsein von Knochen im Körperraum wird angesagt oder kommt ins ‚Spiel' bei eutonischen Bewegungen. Dadurch wird die Muskulatur entlastet, die Bewegung geschieht müheloser und fließender.
- Von Knochenenden oder -flächen aus wird über sich hinausgefühlt (z. B. die Sitzbeinhöcker beim Sitzen zum Boden, das Kreuzbein und die Dornfortsätze der Wirbelsäule in Rückenlage bodenwärts, Schulterblätter in Bauchlage bodenwärts). Dabei ist jeweils eine näher zu bestimmende Fühlrichtung zu beachten.
- Heile Vorstellung auch von deformierten Knochen (z. B. bei Hammerzehe oder Halux valgus u. a., auch von fehlenden Bandscheiben) und das Üben mit ihnen, als seien sie in einer rechten Ordnung, hält den Weg zu einer Eigen-

korrektur offen. Das Üben orientiert sich an dem Bild, wie es sein soll, nicht an dem kranken oder defekten Zustand.

Das Üben des Knochenbewußtseins und ein tägliches freundliches Sich-erinnern an diese körperliche Innenstruktur unterstützt den Menschen in seinem Werde-Prozeß. Es kann den Übenden mehr Fassung, mehr In-sich-sein, auch mehr Durchhaltevermögen bringen und zur inneren Klarheit beitragen. Für viele ist dies einfach eine Erfahrung. Es erklärt sich m.E. auch durch die Tatsache, daß unbearbeitete Gefühlsreste und Emotionen sich in die Muskulatur ‚einnisten', während die Knochen relativ frei von psychisch Belastendem bleiben.

In der Scharing-Eutonie wird dem übenden Umgang mit dem Kreuzbein und der von ihm getragenen Wirbelsäule große Aufmerksamkeit und ausgedehnte Übungszeit geschenkt.

Ich erachte diese beiden Knocheneinheiten als rückwärtige, bzw. aufrechte Mitte, über die das Atemgeschehen, willentlich unbeeinflußt, wieder in die rechte eigene Ordnung finden und sich dem Leibganzen heilsam mitteilen kann. Das Kreuzbein kann gleichsam als Wurzel des Wirbelstammes gesehen werden. Es ist eindeutig, daß sich über eine neu belebte Wirbelsäule alle Haltungs- und Bewegungsfunktionen verbessern können, auch wenn Schäden und Defekte bleiben.

Werner Bergengruen, der Gestalt des Menschen nachspürend, spricht von der Einpflanzung der Wirbelsäule ins Becken: „... gerammt in den Grund der Hauptstamm steht."[13] Dabei ist gewiß ebenso der erweiterte „Grund" mitgemeint, d.h. Becken, Beine, Fersen und Füße. Sie gemeinsam tragen die Aufrechte, die aufrechte Gestalt des Menschen. Von ihr sagt Goethe: „Die Gestalt des Menschen ist der beste Text zu allem, was sich über ihn empfinden und sagen läßt."[14]

Es ist gewiß auffallend, daß Knochen nicht wie isoliert geübt werden, sondern immer die Knochen innerhalb des Körperraumes, der sie umgibt. Nur Knochen „an sich" zu üben, könnte zu Verhärtungen, zu Verknöcherungen irgendwelcher, auch psychischer Art, führen. Es geht bei der Scharing-Eutonie um das Ganzheitliche und um das Ganzsein des Menschen. Deshalb ist, wie bei jeder anderen Übungsweise, so auch bei dem zu übenden Knochenbewußtsein gut das 7. Prinzip zu beachten. Dies verdeutlicht Übenden und Anleitenden die innere An-Ordnung.

Wachrufen, Ansprechen der Skelettstruktur in der umgebenden Körperregion kann im Alltag als Kurzübung auftauchen

[13] In: Rosenberg, Kreuzmeditation, München 1976, S. 56.

[14] Ebd., S. 55.

- beim Hinsetzen zur Arbeit oder Ruhe: Sich gleich ans Kreuzbein erinnern und die Sitzbeinhöcker im Kontakt (oder vorgefühlten Kontakt) wahrnehmen. Diese innere Einstellung beim Sitzen kann zu einer „guten Gewohnheit" werden, die mühelos geschieht — und mit der es sich auch auf schlechten Sitzgeräten besser sitzen läßt. Die Füße/Fußsohlen gehören selbstverständlich mit dazu.
- Bei lang andauerndem Stehen: Einsicht in die Bein- und Fußräume mit den dazugehörigen Knochen nehmen. (Chorsingen, Arbeit an einer Maschine, beim Bauhandwerk u. a.)
- Beim Gehen: Die Fußknochen in den Fußräumen ansprechen, je nach steigender oder abfallender Wegstrecke. Das Gehen erleichtert sich so.
- Beim Bücken und Beugen: Erst die Füße, dann das Kreuzbein, die Wirbelsäule, die Hüftgelenke je nach Beugewinkel und individueller Notwendigkeit wachrufen. Das Kreuzbein kann Kontakt suchen zur Kleidung oder zu einer Handfläche.
- Bei stressiger Situation: Das Kreuzbein lautlos oder lauthaft mit einem warmen Vokal durchtönen, evtl. auch die Füße.
- Bei allen Bewegungen, die unter Übungsprinzip 3 aufgeführt sind, kann das Knochenbewußtsein freundlich wachgerufen werden und mit dabei sein. (Sich nicht „krampfhaft übend verknoten"!)

Knochen in ihrer Struktur und in ihrem Aufbau sind etwas Helles, Klares und Leichtes. Sie wurden nicht als „Zementguß" hergestellt, sondern konnten lebendig wachsen. Blut- und Nervenbahnen finden ihren Weg durch die umgebende Knochenhaut hindurch, sie ernährend und belebend. Sehnen und Bänder halten die Knochen in beweglicher Verbindung mit allen Bereichen des Körpers. Knochen, leibhaftig ins Körperbewußtsein integriert, erhellen, klären und erleichtern das Innensein im körpereigenen Raum. Sie wirken als gegebener Halt. Leibhaftig integriert können sie ein Durchhaltevermögen klärend beeinflussen: Lebenssituationen beweglich durchhalten — nicht darin erstarren.

Im Alltag — mit Widerständen umgehen

Der einfache Boden gilt als der normale, gegebene und notwendige Widerstand, ohne den kein Liegen, Sitzen, Stehen und Gehen möglich ist. Für die bisher erörterten eutonischen Übungsprinzipien genügt diese einfache Form des Widerstandes. Für ein Übungsverhalten im Alltag, das mit dem 6. Übungsprinzip vorwiegend nur den körperlichen Aspekt einbezieht, gilt auf weitere Strecken das Gleiche. Dennoch soll eine Darstellung des „Übens mit erhöhten Widerständen" als einem wesentlichen Übungsprinzip der Scharing-Eutonie hier eingeblendet sein. Beim Üben werden je nach der gegebenen Situation von Übenden oder Übungsgruppen und unter Einbeziehung des 7. Übungsprinzips (Hören, was sein soll!) verschiedene Widerstands-Materialien in unterschiedlicher Geformtheit verwendet:

— Tennisbälle
— lange und kurze Bambusstäbe in verschiedener Dicke, Lindenholzstäbe
— Eschenholzblöcke, Küchenrolle (Nudelholz)
— der Boden als untere Begrenzung, die Wand als seitliche Begrenzung.

Die Durchfühlrichtung ist bei den einzelnen Übungen jeweils näher zu bestimmen und entsprechend zu beachten.

Die sehr eigene Material- und Schwingungsbeschaffenheit der verwendeten Hölzer z. B. bewirkt eine jeweils andere Art von erlebbarem Widerstand, zu dem auch die mehr gerundet-ruhende oder die schmale, langrunde Form beiträgt. Die Beschaffenheit des Materiales und die körperliche Beschaffenheit der Übenden treffen aufeinander, und es entsteht eine je einmalige Erfahrung im Umgang mit Widerstand. Diese kann mit dem gleichen Material am folgenden Tag völlig anders sein, weil die/der Übende eine andere Tages-Tonusqualität bereits mit in die Übung bringt — beeinflußt durch Reaktionsweisen, auch Widerstandsreaktionen, auf das bekannte oder überraschende Tagesgeschehen: berufliche Anforderungen körperlich-geistiger Art, Beziehungsansprüche auf privater und beruflicher Ebene, Aufgaben der Eltern- und Partnerschaft in der Familie, gelebte Verantwortung in Wirtschaft, Politik und Kirche; durchgestandene Ängste, erlebtes Glück, sogenannte Erfolge und Mißerfolge, Fremdsein oder Geborgenheit.

Erhöhte Widerstände bewirken eine größere Herausforderung — wie der Widerstand bei elektrischem Strom oder Wasser. So können auch bei dieser eutonischen Übungsart die täglichen Erfahrungen mehr ins Spiel kommen. Jedes Leben wächst an und mit Widerständen. Nur wenn ein Übermaß an Widerstand das Leben von außen und innen begleitet, behindern die Widerstände die wirkliche Entfaltung des Lebens zu seinem geschenkten Ziel hin. Zumindest sieht es nach den üblichen Maßstäben so aus. Es gibt auch das „Widersächliche" und den „Widersacher" in unserer Welt und Zeit in vielfältigen Formen und undurchsichtigen Zuständlichkeiten. „... ihm Widerstand leisten in der Kraft des Glaubens" (1 Petr 5,9), ist eine angeratene Verhaltensweise, ein Rat der Heiligen Schrift.

Der Umgang mit den Übungswiderständen kann zunächst Ängste oder Ablehnung wachrufen. Das eine und das andere sollte wahrgenommen werden, ohne es zu bewerten. Meist stellt sich aber die überraschende Erfahrung ein: Widerstände sind nicht unbedingt „feindlich". Mit ihnen läßt sich umgehen. Wenn allerdings ein unbewußtes Hindernis sich blockierend dazwischenschiebt, die/der Übende sich in einen Schmerz, eine Verhärtung zurückzieht, so wird der Übungswiderstand schier unerträglich. Vergleichbares geschieht im alltäglichen Leben. Es geht nicht darum, Widerstände zu integrieren, sie in die eigene Haut zu nehmen, sondern darum, am Widerstand mehr zum Selbst zu werden. Widerstände sind zum Werden gegeben. In konkreter eutonischer Übung sieht dies so aus, daß sich ein überladener, angestauter Körperbereich befreien kann und vielleicht leichter und heller empfunden wird. Wenn sich jemand wie leer und ausgelaugt empfindet, könnte sie/er sich über das Üben mit Widerständen gestärkt fühlen. Wer sich unnötig zusammenzieht, zurücknimmt, kann ein wohltuendes oder schmerzlich-wohltuendes Sich-öffnen entdecken. Wer wie in der Zerstreuung durch zu viele Gedanken und Vorstellungen lebt, läßt sich (vielleicht) sammeln auf Wesentliches hin.

Von diesen Erfahrungsqualitäten ließen sich noch mehr anführen. Keinesfalls dürfen sie dazu verleiten, mit bestimmten Erwartungen in eine Übung zu gehen. Sie gestalten sich so vielfältig, wie die Übenden selbst ins Üben kommen, wie Übungswiderstände unterschiedlich eingesetzt werden — je nach der inneren An-Ordnung gemäß dem 7. Übungsprinzip. Dennoch sind diese Erfahrungen nicht zu programmieren, zu haben oder zu machen. Sie sind auch nicht zu bewerten. Sie lassen sich anschauen — und in das eigene Leben lernend integrieren. Übende mit mangelnder Widerstandskraft im Leben könnten (auf lange Sicht hin, nicht als Kurzzeitangebot!) über positive Erfahrungen dieser Übungsweise langsam ihre Ängste abbauen und entsprechende positive Widerstandskräfte zulassen.

Zwei abschließende Zitate[15] machen einerseits manche Schwierigkeiten deutlich, andererseits ermutigen sie dazu, zunehmend das Umgehen mit Widerständen zu erlernen.

„Die erste Kontaktnahme mit den verschiedenen Gegenständen, besonders mit dem Boden, war kein Vergnügen. Der Boden, die Bälle, die Stäbe, das Holz: alles war mir unangenehm. Je besser ich durchfühlen und eindringen konnte, um so mehr verschwand dieses unangenehme Gefühl. Immer deutlicher spürte ich, daß der tiefe Widerstand eigentlich nicht in den Gegenständen war, sondern in mir selbst, weil ich mich ihnen widersetzte und so verfehlten Widerstand bot. Der Boden war jetzt nicht mehr hart: er wurde „der mich Tragende", der es ermöglichte, meine Grenzen und Widerstände zu erkennen. Ich erfuhr ihn als die *„gute Erde"* ... Im Kontakt mit Menschen ist es m. E. wichtig, ein guter Widerstand

[15] Examensarbeit von Simone de Winter, „Gegenstand — Gegen-stand — Widerstand", Brüssel 1977.

füreinander zu sein. Ein Widerstand, der zugleich eine Aufforderung ist zum Wachsen für mich selbst und für die anderen. ...
So wie die eigenen Begrenzungen und die Unordnung der Welt deutlicher hervortreten, so läßt sich auch das Unvollendetsein der Menschen deutlicher erkennen. Und dann kommt meine Frage: „Wie soll ich mich verhalten? Was heißt guter Kontakt? Was ist der Sinn der Aussage ‚ein guter Widerstand füreinander sein'? Auf diese Fragen können keine allgemein gültigen Antworten gegeben werden."

Im Alltag — auf innere Anweisungen hören

Übende und Anleitende richten sich in der Scharing-Eutonie nicht nach einem festliegenden Übungsprogramm oder einem altbewährten Schema, sondern hören jeweils neu auf die von innen gegebene lebendige An-Ordnung. Dem damit umschriebenen 7. Übungsprinzip „Der Übende hört auf das, was ihm zu üben einfällt", gebührt eigentlich der erste und der letzte Platz in der Reihe der Übungsprinzipien:

- Es umgreift und durchdringt die einzelnen Übungen und das Üben der Einzelnen.
- Es eröffnet und begleitet das Üben.
- Es verweist darauf, daß Übende auf dem Übungsweg eigene Verantwortung übernehmen.
- Es befreit von selbstgebastelten Zwängen und Vorstellungen, von übernommenen Maßstäben.
- Es führt zu „Rhythmus-Atem-Bewegung" in der je individuellen Ausprägung.

Das 7. Übungsprinzip erfordert eine konsequente Übungshaltung und die Vertrautheit mit den anderen Prinzipien, sodann aber auch ein feinfühliges Hören nach innen auf das, was sein oder nicht sein soll. Über das Hören nach innen schreibt Schwester Aemilia Antognini, Bellinzona/Schweiz[16]: „Am besten würde ich es (das Hören nach innen, Anm.) als eine bewußt nach innen gerichtete Aufmerksamkeit umschreiben. Es setzt Stille, Schweigen und Wahrhaftigkeit voraus und verlangt die suchende, absichtslose, liebevolle Bereitschaft, eine ‚Botschaft' zu empfangen und aufzunehmen. Die Haltung ist die eines/r geduldig Wartenden und wachsam Bereiten. — Will oder soll der Mensch davon ergriffen werden, darf das Vernommene nicht im Kopf stecken bleiben, sondern muß bis ins Herz dringen können. Einer solchen Ergriffenheit folgt dann notwendigerweise eine Antwort. Das Horchen wird zum Gehorchen.

[16] A. Antognini, Examensarbeit als Eutonie-Pädagogin im Februar 1982.

Im Hörenden ist die Bereitschaft vorhanden, sich führen zu lassen. (Geist, Heiliger Geist, Inspiration, Intuition als innere Führung.) In unscheinbaren und auch in schmerzlichen Ereignissen, in ruhigen Gewißheiten und neuen Aufbrüchen, die sich manchmal auf unerklärliche Weise im Leben aneinanderfügen, läßt sich eine geistige Führung erkennen. Sie wirkt behutsam oder wunderbar oder eindeutig oder einschneidend oder ... Die damit verbundene Erfahrung des Geführtwerdens, auch wenn sie wiederholt an eigene Grenzen stoßen läßt, versetzt den betroffenen Menschen immer neu in Staunen, erfüllt ihn mit Dankbarkeit und Frieden.

Beim 7. Übungsprinzip hat das Hören eine unersetzliche Aufgabe. Um zu wissen, was ich selber oder andere brauche(n), muß ich ein Gehör, ein Gespür (sentire = hören auf italienisch!) entwickeln für: wohl und unwohl, zu viel und zu wenig, für Verkrampfung und Erschlaffung, Ordnung und Unordnung, Festhalten und Lassen, für Geben und Nehmen usw. und das im leiblichen wie im seelischen Bereich. Diese Gabe der Unterscheidung ist die Frucht von immer wieder geübtem Hören und Sich-führen-lassen."

Diese Einstellung kann sich aus den Übungssituationen der Scharing-Eutonie auf das Geschehen im Alltag übertragen. Auch dabei gilt, was ich an anderer Stelle bereits sagte: Wenn ein Mensch nichts mehr *macht*, d.h. isoliert vom Kopf her steuert, sondern klar beobachtet, in der ihm möglichen leib-geistigen Ganzheit integriert nach innen hört, entscheidet — und dann im Handeln geschehen läßt, gewinnt sein Leben an ursprünglicher Lebendigkeit. Weil wir als Menschen nie *fertig*, aber als Mensch ein leibhaftiger Prozeß sind, bleibt das tägliche und lebenslängliche Lernen auch in diesem Bereich. Es führt naturgemäß (irgendwann) dahin, bescheiden zu sein, eigene Begrenztheiten und Fähigkeiten anzuerkennen, Mißverstehen und Mißhören vom wirklichen Verstehen und Hören zu unterscheiden, das Vergleichen mit anderen und anderem zu lassen, um Vergebung zu bitten, vertrauen zu können.

Der Ursprung und das Ursprüngliche offenbaren sich nicht als Programm oder Zufall. Sie teilen sich mit als Leben, als leibhaftiges Leben — in Fülle. Angewendet auf das eutonische Üben im Alltag ergeben sich daraus konkrete Hinweise für gegebene Übungszeiten und für Kurzübungen „mittendrin":

- Zu Beginn einer Übung gesammelt nach innen hören — und *das* üben, was sich als „Einfall" anmeldet. (Das kann evtl. wochenlang die gleiche einfache Kontaktübung sein — und sonst nichts. Dann korrespondiert dies mit der Situation der/s Übenden und stimmt so.)
- Sich nicht mit gutem Willen oder wegen bestimmter Beschwerden ein Wochenprogramm festlegen. Jeden Tag neu hören, welche Übung oder welcher Übungsabschnitt sich von innen her einstellt.

— In jeder täglichen Situation, bis ans Lebensende, lassen sich Füße und das Kreuzbein erinnern und üben — falls es Ihnen einfällt.
— Wer übend gehorcht, gehorchend übt, wird ein/e Übende/r. Der Welt und dem Tag der Übenden mangelt es nicht an Gelegenheit. Jedoch alles Üben geschehe „menschenfreundlich“, nicht verbohrt und nicht leistungsorientiert. Manchmal bedeutet ein Weniger ein Wirksamer.

Dieses Kapitel über die Übungsprinzipien der Scharing-Eutonie beschließe ich mit einem Zitat aus der 5. Predigt Meister Eckeharts. Er bezieht sich auf den Text beim Evangelisten Lukas im 10. Kapitel, Vers 38—40. Darin erscheinen die Schwestern Maria und Martha wie Symbolfiguren des Hörens und Wirkens — oder als zwei Symbolaspekte eines Menschen. „Sie hieß nicht Maria, als sie zu Füßen Christi saß. Dies vielmehr (erst) nenne ich Maria: *einen wohlgeübten Leib, gehorsam weiser Lehre.* Gehorsam wiederum nenne ich dies: Wenn der Wille dem genügt, was die Einsicht gebietet.“[17]

[17] Zitiert nach Meister Eckehart, Deutsche Predigten und Traktate, hg. von Josef Quint, München 1955, S. 156.

Kapitel 5
Jeden Tag leibhaftig schweigen — gemäßes, meditativ-eutonisches Sitzen als tägliche Übung

So sieht gemäßes Sitzen aus

Voraussetzung für das „gemäße" Sitzen und damit auch für ein leibhaftiges Schweigen, bei dem eine meditative Stille ganzheitlich wachsen kann, ist eine gemäße Sitzgelegenheit, die die Anatomie des Körpers berücksichtigt: ein Stuhl mit oder ohne Lehne, bei der die Höhe der waagerechten Sitzfläche der Höhe der Unterschenkel entspricht. Das gemäße Sitzen in leibhaftiger Stille führt zunächst zu einem wachen Leibbewußtsein — und kann dann in die meditative Stille übergehen.

Das gemäße Sitzen sieht so aus: Vom Beckenkontakt zur Sitzfläche aus ruhen die Oberschenkel in einer klaren Waagerechten. Diese klare waagerechte Richtung der Oberschenkel entsteht aus der rechtwinkligen Beugung der Hüftgelenke.

Aus der rechtwinkligen Beugung der Kniegelenke heraus ruhen die Unterschenkel in einer klaren Senkrechten.

Die Fußsohlen — beginnend von der Ferse bis zu den Zehen — ruhen auf dem Fußboden (oder auf einer Matte, wenn die Stuhlhöhe ausgeglichen werden muß) in waagerechter Richtung und in Sitzbeinhöckerabstand.

Durch das Bewußtsein für den Fußsohlenkontakt und die zum Boden durchgefühlten Sitzbeinhöcker richtet sich über das Kreuzbein die Wirbelsäule in ihre geschwungene Senkrechte.

Vom ersten Halswirbel her wird der Kopf einfach so getragen, daß das Scheitelgebiet der höchste Bereich ist, nicht Stirn oder Hinterkopf.

Die Oberarme liegen vom Schultergelenk her kommend seitlich, senkrecht am Rumpf. Über die Ellbogengelenke führen beide Unterarme die Handflächen und Finger zum Ruhen auf die Oberschenkel.

Die Augen sind bei geschlossenen oder offenen Lidern erhoben auf die rechte Schauhöhe, das bedeutet: im rechten Winkel (Blickwinkel!) zur Wirbelsäule.

Übung 17: Einfache Übungsansage des eutonischen Sitzens

(Zu dieser Übung siehe Anhang S. 151!)

— Sich vom Leib her in die vorher beschriebene Sitzhaltung so weit wie möglich einordnen.

— Den Kontakt vom Becken und den Sitzbeinhöckern her zur Sitzfläche spüren.

— An der Rückseite eines Oberschenkels mit dem Spüren weitergleiten zur Kniekehle — zum Unterschenkel — zum Achillessehnengebiet — zur Ferse — zur Fußsohle. Von der Fersensohle her jeweils die innere und äußere Fußkante, dann nochmals die gesamte Fußsohle beachten und erspüren — und sich gut auf das Spüren des rückwärtigen Zehengebietes einstellen.

— Das soeben geübte mit dem noch nicht geübten Bein vergleichen!

— Von der Sitzfläche her zum anderen Oberschenkel spüren und dieses Spüren an der rückwärtigen Beinseite bis zum Zehengebiet fortsetzen.

— Den Sitzkontakt und beide geübten Beine zugleich wahrnehmen!

— Sich dann nochmals den Fußsohlen zuwenden! Im Abstand der Sitzbeinhöcker sollten sie auf dem Fußboden aufruhen. Mit Hilfe der drei Fußpunkte können sich die Fußsohlen noch mehr zum Boden hinfühlen, evtl. sich in den Boden etwa 10 cm wie zu einem unteren Boden einfühlen, verwurzeln!

— Ein Sitzbeinhöcker fühlt sich von der unteren breiten Sitzkante her senkrecht durch die Sitzfläche bodenwärts — in die gleiche Tiefe, auf der die Fußsohlen ein- oder durchgefühlt sind.

— Vergleichen mit der noch nicht geübten Seite! Auch Rücken, Schulterpartie und Arm! Sich im ganzen beobachten.

— Der andere Sitzbeinhöcker fühlt sich in der gleichen Weise und Richtung bodenwärts. Vergleichen! Beobachten!

— Den bis jetzt angesprochenen Bereich im ganzen wahrnehmen!

— Ohne das Bewußtsein für das bisher Geübte zu verlieren, sich mit erweiterndem Bewußtsein dem Kreuzbein zuwenden. Das Kreuzbein fühlt sich zur rückwärtigen Beckenhaut. Hilfe und Kontrolle geschieht dabei dadurch, daß sich eine Handfläche vorübergehend auf den Kreuzbeinbereich legt. Vielleicht kann dabei eine kleine, feine

Bewegung im Lenden- und Kreuzbeingebiet wahrgenommen werden. Atembewegung! — Das Kreuzbein nimmt weiterhin Fühlung auf durch die Beckenhaut zur Kleidung, zur Hand.

— Das Kreuzbein geht am unteren stumpfen Ende über ins Steißbein. Das Steißbein schwingt sich leicht nach vorne-unten in Richtung Beckenboden. Kreuzbein und Steißbein in einem beachten!

— Das Bewußtsein für das bisher Geübte bewahren und dann vom 1. Halswirbel beginnend bis zum 5. Lendenwirbel spiralförmig um die Wirbelsäule herumgehen — oder mit Bewußtsein in der angegebenen Richtung *durch* die Wirbelsäule gehen. In der gewählten Weise auch um oder durch das Kreuzbein und Steißbein gehen. Nachspüren!

— Das Scheitelgebiet nimmt Fühlung auf zur Raumdecke hin in Richtung der aufgerichteten Wirbelsäule. Fußsohlen und Sitzbeinhöcker im Sinn!

— Beidseitig spüren die Oberarme den Kontakt zum Rumpf. Die Ellenbogen können sich senkrecht zum Boden hinspüren. Unterarme und Handinnenflächen spüren sich zu den Oberschenkeln hin.

— Die Augen ruhen bei offenen oder geschlossenen Lidern in waagerechter Schauhöhe, d.h. im rechten Winkel zur Wirbelsäule. Dabei kann der waagerechte Verlauf der Sehnervenbahnen mitgewußt und bedacht sein, ebenso deren Anschluß an den Hinterkopfraum.

— Sich in der leibhaften Wirklichkeit — in sich und über sich hinaus im Raum — ganzheitlich wahrnehmen!

— Sitzen in der Stille für ca. 5—10 Minuten (oder nach eigenem Ermessen).

— *Sitzen — Schweigen — Hören.*

— Sich aus der Stille und Unbewegtheit behutsam durch Dehnen, Strecken und Beugen lösen.

— Die Ruhe und Präsenz nachschwingen lassen.

— Das Üben beenden — ohne das Geübte zu verlieren! — Ruhe und Gegenwärtigsein lassen sich in das anschließende Tun übertragen.

Übung 18: Ruhende Arme und Hände

Die vorangehende Übung können Sie ab der Ansprache für die Oberarme (Beidseitig spüren die Oberarme ...) in folgender Weise intensivieren – oder aber Sie nehmen diese anschließende Übungsanleitung als eine selbständige Kurzübung, nachdem Sie die Kontakte zum Fußboden und zur Sitzfläche bewußt erspürt haben.

– Während die bisher angesprochenen Kontakte bewußt und erhalten bleiben, gleitet *eine* Hand mit dem Unterarm vom Oberschenkel seitlich nach unten, so daß der ganze Arm gegradet am Rumpf entlang gerichtet ist.
  Dabei zeigt die Handfläche zum Stuhl, die Fingerkuppen sind bodenwärts gerichtet.
– Die Fingerkuppen fühlen sich in senkrechter Richtung bodenwärts. Dabei beachten, daß der Daumen einen etwas längeren Weg hat.
– Hingefühlt zum Boden beginnen die Fingerkuppen dort eine Bewegung nach vorne. Der Unterarm folgt dieser Bewegung und winkelt dabei im Ellenbogengelenk ab – während die Fingerkuppen in Beziehung zum Boden oder „zu etwas" bleiben. (Der Oberarm behält den Kontakt zum Rumpf.) Etwas höher als waagerecht wird der Unterarm von Finger und Hand in die Höhe geführt. Am Ende dieser Bewegung (kurz) nachspüren!
– Der Daumen, der dabei oben zu liegen kam, führt eine Rollbewegung nach innen (Innenrotation) an, so daß Unterarm und Handfläche mit den Fingern zum Oberschenkel schauen und evtl. sich schon dort hinspüren.
– Die Handfläche mit den Fingern und der Unterarm suchen in einer ruhigen Bewegung den Kontakt zum Oberschenkel – und legen sich dort ab. Ankommen!
– Der Ellbogen schaut und fühlt sich senkrecht bodenwärts. Der Unterarm und die Hand mit den Fingern fühlen sich über die Kleidung zum Oberschenkel, evtl. in den Oberschenkel ein.
– Beobachten Sie sich jetzt auf der gesamten Seite, die dem übenden Arm zugehört. Achten Sie dabei besonders auf Schulter, Lendengebiet, Oberschenkel und Fußsohle – oder auch auf andere Bereiche, die beim Üben tonisiert angesprochen haben.

- Vergleichen Sie die geübte mit der noch nicht geübten Seite,
- die Sie dann anschließend in gleicher Weise ansprechen.
- Sich dann wieder erst vergleichend — und dann im ganzen wahrnehmen. Bei sich und im Raum sein.
- Sitzen in der Stille für eine kürzere oder längere Zeit — nach eigenem Spüren und Ermessen. (Übungsprinzip 7!)
- *Sitzen — Schweigen — Hören.*
- Dann die Übung wie gewohnt beenden durch Dehnen, Strecken und Beugen. Die Ruhe und Präsenz nachschwingen lassen.
- Sich einstellen auf den Alltag mit Beruf, Beziehung, Bewegung.

Abschließende Gedanken: Jeden Tag leibhaftig leben

Jeder Tag schenkt Zeit zum Leben. „Für jedes Geschehen unter dem Himmel gibt es eine bestimmte Zeit" (Koh 3,1). Von einer ausgesparten täglichen Stillezeit gewinnt der restliche Tag an Qualität, an Lebensqualität. Tägliche Lebenszeit füllt sich mit täglicher Lebensqualität. Das Leben läßt sich nicht mit einem Bandmaß bemessen oder bewerten. Die kleinen und großen Tiefgänge, die mich in der Tiefe meines Selbst berühren, fügen meinen Jahren mehr Leben hinzu. Das ganz Einfache eines Tages läßt sich wieder als das mich Einigende, und deshalb als das Erholsame wahrnehmen lernen. Wir leben ja die ganze Zeit, täglich nicht nur im Urlaub oder an festlichen Tagen: verkosten, wie festlich-frisch ein Apfel oder eine gute Kartoffel schmecken; spüren, wie lau oder rauh der Wind auf der Haut ankommt; wahrnehmen, wie das Holz einer Stuhllehne kräftigt und beruhigt; fühlen, wie der Arm um die Schulter wärmt und belebt; hören und zulassen, wie die Stille Raum gewinnt. Und nur bei einem Empfinden jeweils für eine Weile bleiben. Schwierig, meinen Sie? Ungewohnt? Oder zu einfach für denkgewohnte Menschen? Mag sein. Doch eigene Erfahrungen werden behutsam offenbaren, wie solch tägliche Momentferien beflügeln und lebendig machen.

„Der Leib ist die gelebte Zeit", sagt der Philosoph Gabriel Marcel. Ich selbst bin mein Zeitleib, meine Lebenszeit, mein Lebensleib. Jeden Tag leibhaftig leben — bis mir Zeit und Leben und Ewigkeit als *Eines* heilsam zukommen.

Anhang

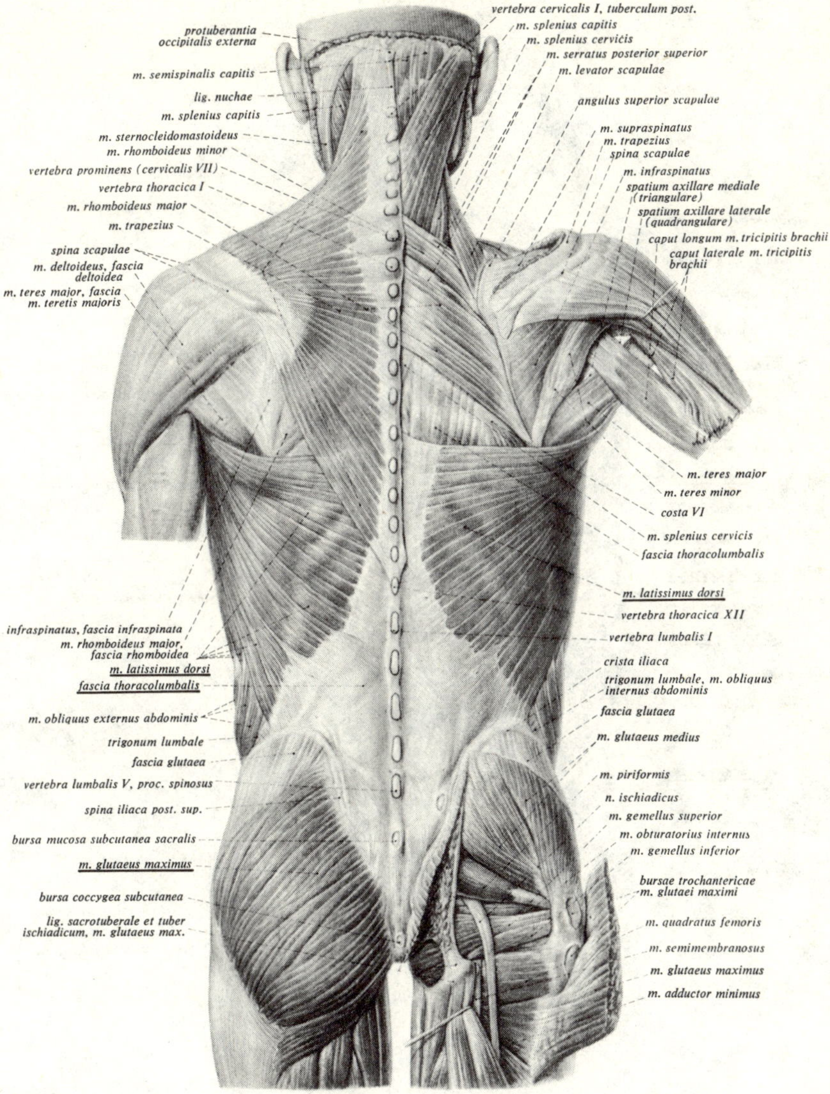

aus: Sobotta/Becker, Atlas der Anatomie des Menschen, Bd. 1, Verlag Urban & Schwarzenberg, München, 18. Auflage 1982, S. 142.

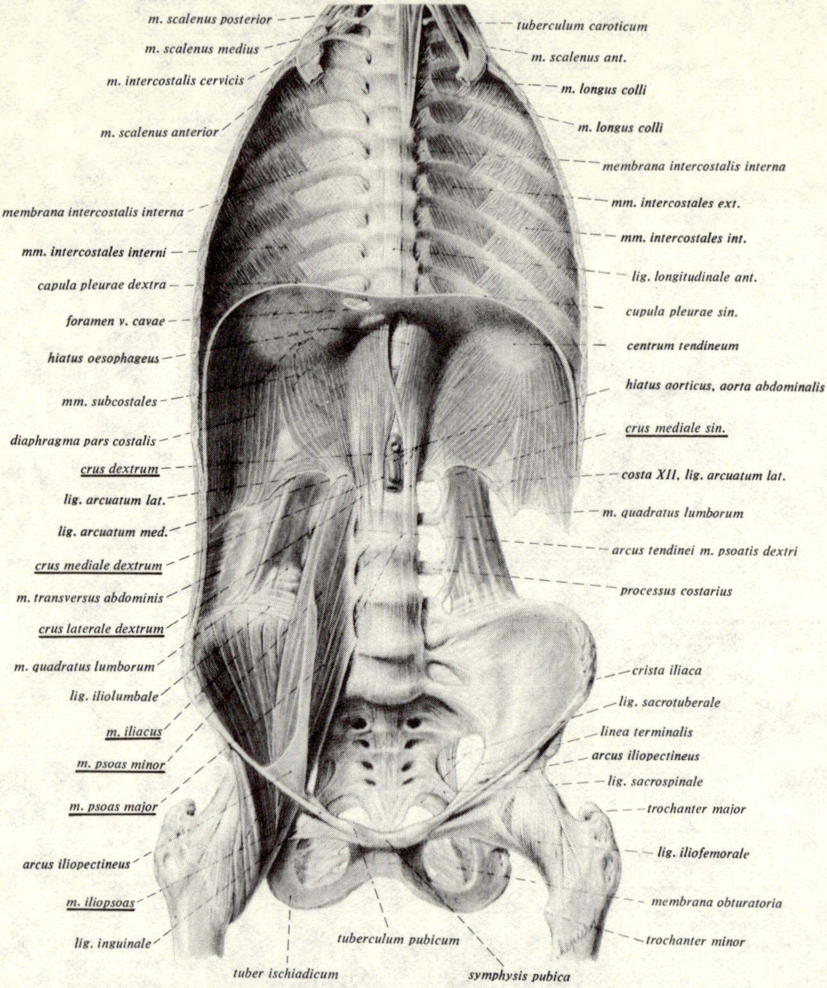

aus: Sobotta/Becker, Atlas der Anatomie des Menschen, Bd. 1, Verlag Urban & Schwarzenberg, München, 18. Auflage 1982, S. 166.

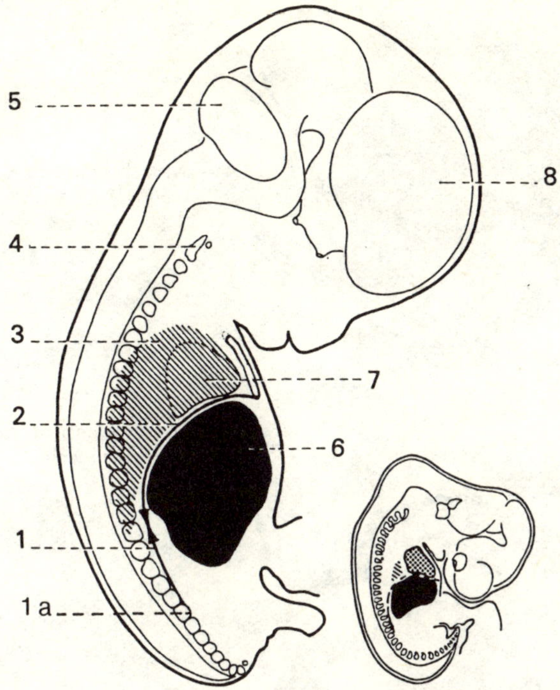

10 mm und 29 mm große Embryonen. Mit dem Wachstum der Leber verankert sich das Zwerchfell zunehmend weiter unten an der Wirbelsäule (Descensus des Zwerchfells). 1 unterer Teil des Zwerchfells, 1a Zwerchfellschenkel, 2 Kuppe des Zwerchfells, 3 obere Lungenregion, 4 zweiter Halswirbel, 5 Kleinhirn, 6 Leber, 7 Herz (beim 10 mm Embryo punktiert), 8 rechte Großhirn-Hemisphäre.

aus: Erich Blechschmidt, Wie beginnt das menschliche Leben, Christiana Verlag, Stein am Rhein, 5. Auflage 1984, S. 109.

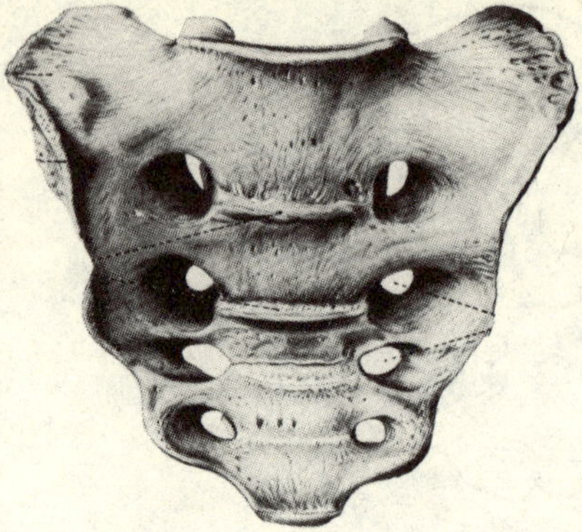

A – Kreuzbeinansicht von vorne (ventral)

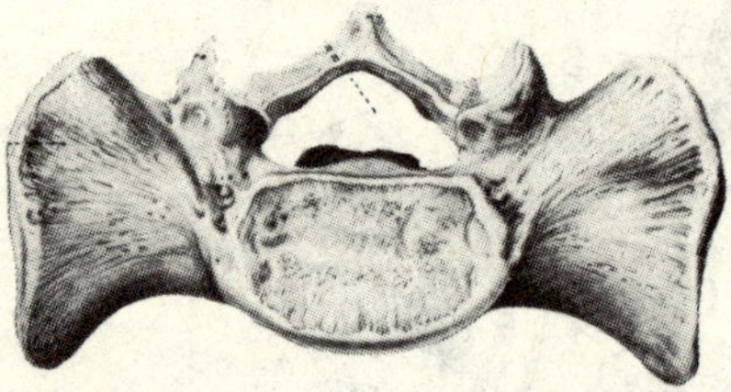

B – Kreuzbeinansicht von oben (basis osis sacri)

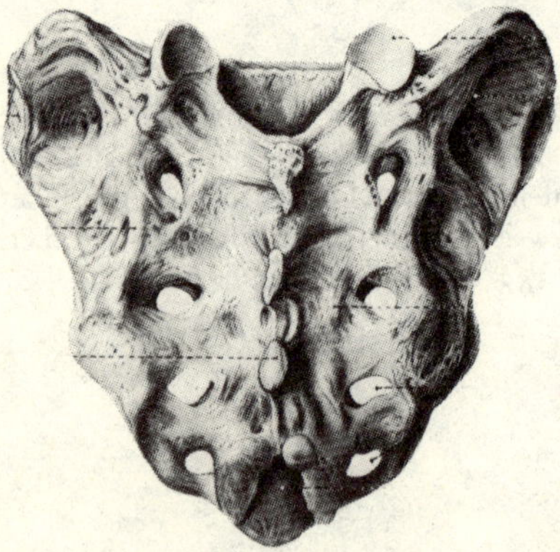

C – Kreuzbeinansicht von hinten (dorsal) mit dem Kreuzbeinkamm (verkümmerte Dornfortsätze)

Das Kreuzbein

aus: H. Lippert, Anatomie, Text und Atlas, Verlag Urban & Schwarzenberg, München, 4. Auflage 1983, S. 65.

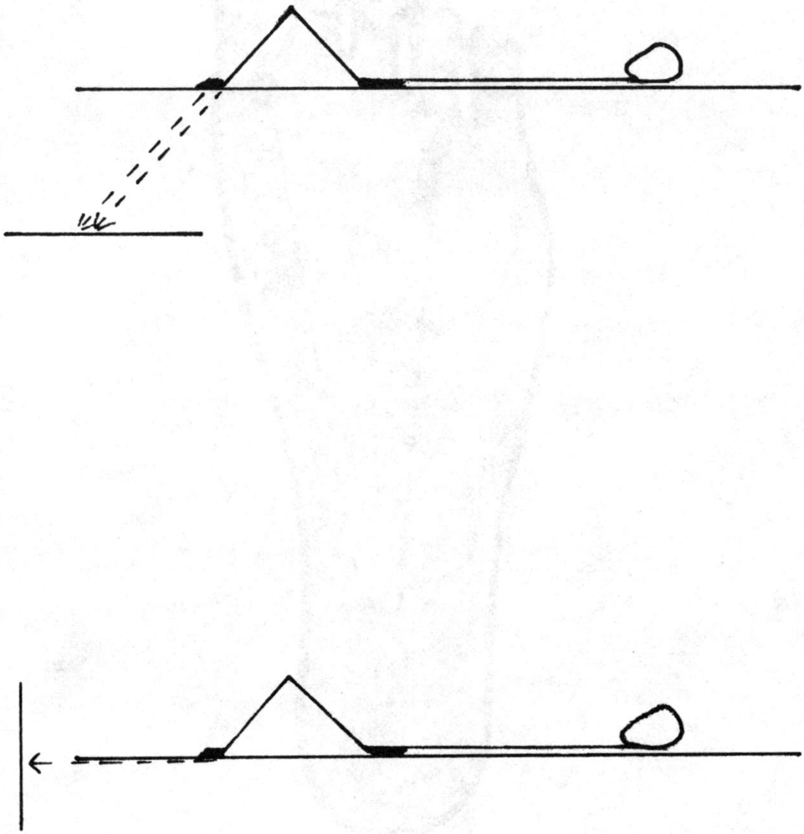

Zu Übung 5, S. 50: Das Kreuzbein erwecken

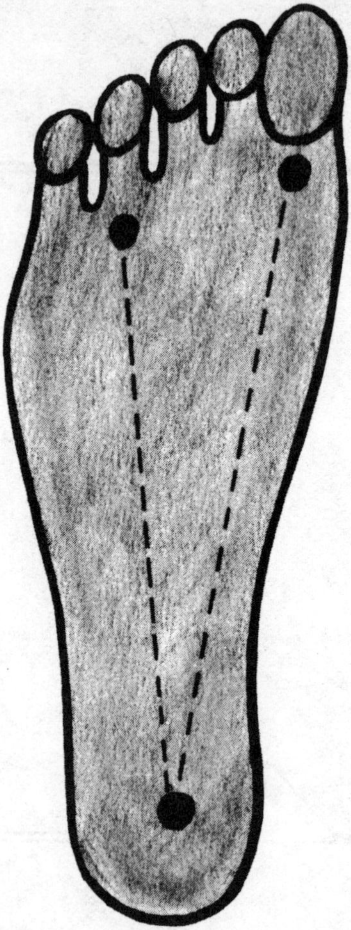

Fußsohle mit Fußpunkten

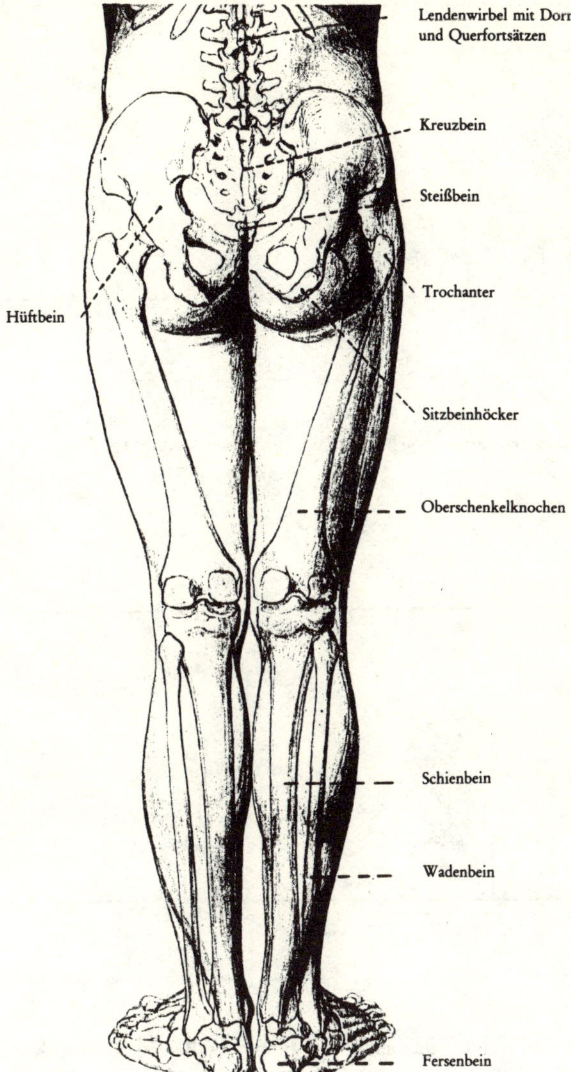

Knochen im Lenden- und Beckenraum und in den Beinräumen

aus: H. Lippert, Anatomie, Text und Atlas, Verlag Urban & Schwarzenberg, München, 4. Auflage 1983, S. 89.

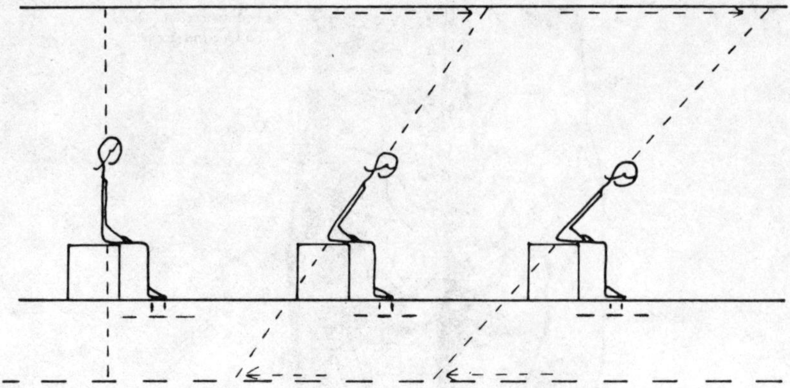

– das aufwärtsgefühlte Scheitelgebiet führt die Bewegung an …

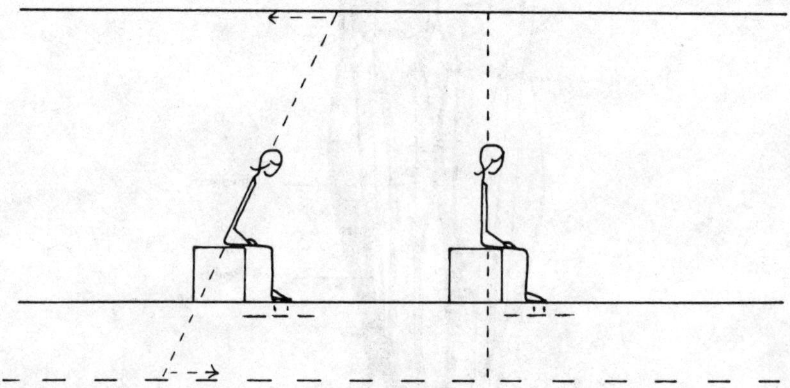

– die durchgefühlten Sitzbeinhöcker führen die Bewegung zurück.

Scheitelgebiet und Sitzbeinhöcker führen eine Beuge-Bewegung an

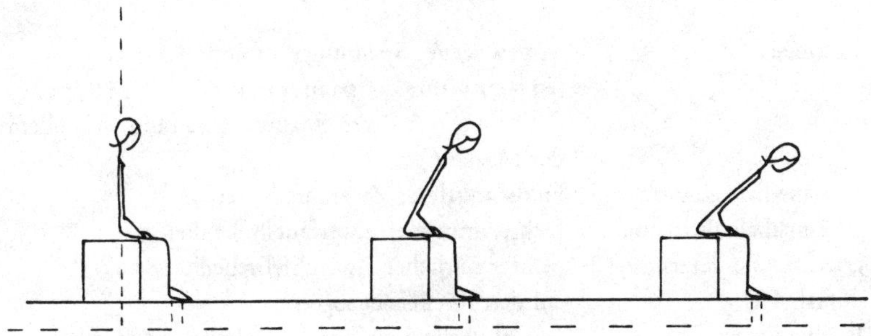

Sitzen – und
sich im Kontakt
spüren!

Nach dem Sitzen –
sich aus dem Hüftgelenk beugen!
Die Rückenmuskulatur dehnt sich.

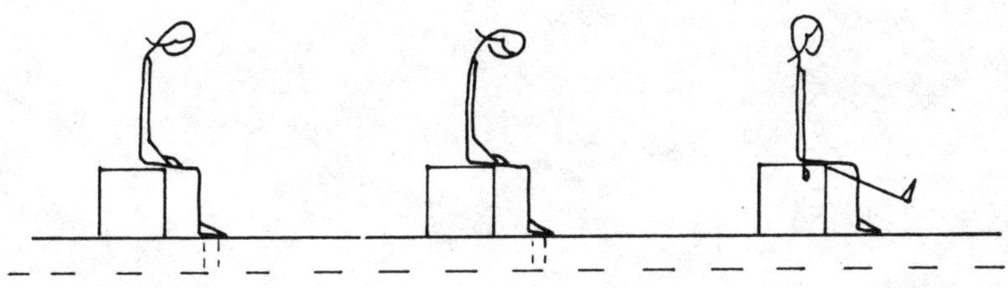

Nach dem Sitzen –
den Kopf beugen oder drehen!

Sich aus der Stille
und Unbewegtheit lösen!

Zur einfachen Übungsansage des eutonischen Sitzens

Erläuterung zu Fremdwörtern und Fachausdrücken

Eutonie:	ausgewogener Spannungszustand (eu = gut; tonus = Spannung (Dystonie: gestörter Spannungszustand vor allem der Muskeln)
crus mediale sinestra:	linker mittlerer Zwerchfellschenkel
crus mediale dextrum:	rechter mittlerer Zwerchfellschenkel
crus laterale dextrum:	rechter seitlicher Zwerchfellschenkel
dorsal:	auf den Rücken bezogen
Iliosacralfuge:	Gelenkfläche zwischen Kreuzbein und Hüftbein
Organperistaltiken:	vortreibende Bewegung von einigen Organen
Sagittale:	von vorne nach hinten verlaufend, parallel zur Mittellinie des Körpers
Trochanter (major):	großer Rollhügel am Übergang vom Oberschenkelhalsknochen zum Oberschenkelknochen
vegetatives Nervensystem:	autonomes Nervensystem
ventral:	nach dem Bauch zu gelegen